Alessandra Condello

Spazi liminali

prefazione di Ernesto Di Renzo

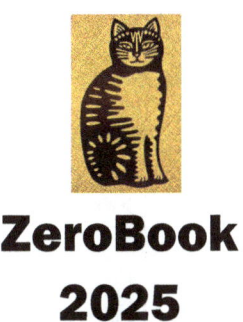

ZeroBook
2025

Titolo originario: *Spazi liminali* / di Alessandra Condello

© ZeroBook, 2025

Questo libro è stato edito da **ZeroBook**: www.zerobook.it.

Prima edizione: Marzo 2025

ISBN 978-88-6711-239-5 book

Tutti i diritti riservati in tutti i Paesi. Questo libro è pubblicato senza scopi di lucro ed esce sotto *Creative Commons Licenses*. Si fa divieto di riproduzione per fini commerciali. Il testo può essere citato o sviluppato purché sia mantenuto il tipo di licenza, e sia avvertito l'editore o l'autore.

Controllo qualità **ZeroBook**: se trovi un errore, segnalacelo!

Email: zerobook@girodivite.it

Prefazione
di Ernesto Di Renzo

Se c'è una 'cifra d'autore' che caratterizza gli scatti di Alessandra Condello, che li impregna, che li satura, che li totalizza e li fa traboccare di senso celato questa è l'elogio dell'assenza. Vale a dire la prevalenza visiva del dismesso sull'operante, dell'inattuale sull'efficiente, del vuoto sul pieno. Una vuotezza, soprattutto umana, che affiora evidente, rumorosa, insistente, sfrontata. Una vuotezza che parla, allude, strepita e che forse racconta di una emotività d'artista racchiusa, o dibattuta, tra le pulsioni dell'*Es* e le ragioni del *Super-io*.

Una vuotezza che forse non ha nulla della casualità, della necessità estetica, o del segno stilistico, ma che rivela l'*attraction fatal* dell'Autrice verso la dimensione degli 'spazi-tempo' sospesi tra reale e illusorio, ora e allora, presente e passato. 'Spazi-tempo' dove la relazione intercorrente tra i segni materiali dell'agire dell'uomo – divani rotti, finestre murate, accessi incatenati, muri in rovina, insegne desuete – e l'assenza totale della sua presenza, sembra rinviare a una nozione di 'non-più-umano' che (però) non corrisponde esattamente a quella nozione di 'post-umano' di cui la Condello subisce irretivamente il fascino (e che costituisce il cardine concettuale e la vena poetica della sua ricerca d'artista). Una nozione che, distante dai concetti di post-umanità teorizzati da Robert Pepperell, Jeffrey Deitch e Derrick de Kerckhove, sembra contenere quelle tratteggiature di pensiero cui allude Peter Sloterdijk allorché si domanda se "c'è una speranza di padroneggiare le attuali tendenze all'imbarbarimento dell'uomo" di cui le rovine, i disfacimenti, i resti sono i significanti inequivocabili.

Ma tutto questo, urge sottolinearlo, resta solo un forse. In quanto, mettendo da parte un' intellettualizzazione troppo antropologicamente spinta dei soggetti fotografici, può darsi che l'assenza della testimonianza umana all'interno degli scatti rappresenti soltanto il riverbero di una carenza, di una separazione, o di un abbandono di cui l'autrice vuole inconsciamente dirci qualcosa. Magari collegandola all'immagine di una donna bianco-vestita riflessa in uno specchio messo a bella posta sul bordo di un pavé.

A ben guardare, però, la vuotezza della presenza umana non costituisce l'unica impronta crittografica che le fotografie offrono all'attenzione di chi le osserva con l'intenzione di coglierne i contenuti extra-visivi. Ve ne è infatti un'altra che balza all'evidenza in maniera macroscopica, eccedente, reiterata ed è quella che rimanda al bisogno/volontà di ritrarre le soglie: soglie di porte, di finestre, di recinzioni, di edifici, di vani.

Le soglie sono il *limen*, il confine, la frontiera, il varco che, al di là del presente album fotografico, Alessandra Condello esplora di continuo in tutta la sua opera di artista cercando di capirne il contenuto. Quel *limen* che, come le teorie di Van Gennep e di Turner hanno cercato di interpretare in ottica transculturale, separa e nello stesso tempo unisce, introduce e contemporaneamente espelle, apre e insieme preclude. Il *limen* è lo spazio interrotto, indeterminato, misterioso, dove tutto può accadere, dove tutto è in discussione, incerto, sfuggente. È il non-luogo simbolico dove non c'è verità, certezza, univocità, ma solo contraddizione, ambiguità, possibilità. È la condizione spazio-temporale, ma anche umano-esistenziale, dove, trovandovisi, non si è più ciò che si era ma ancora non si è ciò che si potrà essere. È la situazione sospesa dove "dio gioca ai dadi con il mondo" e dove i principi aristotelici dell'identità e della non contraddizione rivelano i loro limiti concettuali cedendo il passo all'indeterminatezza e all'imponderabile. È dunque il *transitus* che, nel suo essere àmbito intermedio, si configura come scenario del possibile in grado di aprire a qualunque aspettativa di cambiamento, di trasformazione, di completamento. Rivelando, in ciò, la sua dimensione di *fieri* che esprime le qualità germinative proprie delle cellule staminali.

"Ma che cosa meravigliosa è il *limen*", si sarebbe quasi autorizzati a pensare!

Non solum, sed etiam. A contrassegnare i tematismi che fanno da filigrana ai presenti scatti fotografici, scatti che fungono da trama a un racconto afono di verbalità e pletorico di metafore, sineddoche, metonimie, litote, ricorre in Alessandra Condello la volontà di esprimere un senso personale dei luoghi dove la geografia interiore sembra coincidere con la geografia esistenziale che scandisce le sue "opere e giorni". Una geografia che, per chi è in grado di rintracciarne le coordinate visive, parla di Marsica, di Fucino, di aquilano. Parla di Abruzzo! Questo malgrado la Condello riveli nelle sue relazioni personali e nei suoi interessi di lavoro un'aspirazione irrinunciabile alla extra-regionalità, alla extra-nazionalità e al de-radicamento culturale (temperato dal bisogno "assillante" di appropriarsi dei folklori locali e di praticare il senso della restanza oltre ogni ragionevole e utile convenienza).

E l'Abruzzo che l'autrice lascia trasparire nelle sue fotografie si configura come una quinta nudamente scarna e volutamente priva di orpelli. Una quinta che sembra far coesistere la drammatica rappresentatività pittorica di un Teofilo Patini con la dolente narratività letteraria di un Ignazio Silone. Un posto dell'anima, uno spazio discosto, un mondo a parte. Ma anche una *waste land* dove un re pescatore, o meglio una regina pescatrice, cerca (forse) di redimere colpe (mai) commesse in un passato che ritorna incessantemente. Colpe la cui cicatrice, o la cui ferita viva, similmente alla trafittura inferta dalla lancia di Longino a un costato innocente, aspetta di incontrare un *Parsifal* o un *Galahad* che la sani e che le redima nel sacro *Graal* della verità.

È pur vero, però, che non tutti i soggetti ritratti in pixel alludano a una "terra desolata" di eliotiana ispirazione. Alcuni, quelli in cui non c'è traccia visiva del 'non-più-umano', lasciano trasparire luoghi e recessi dove la natura mantiene forme di autentica significatività e dove la quiete dei paesaggi si manifesta nei suoi connotati visivi e sensoriali. Una quiete fatta di canali d'irrigazione, di altipiani brumosi, di sottoboschi dai tratti ossianici dove pare che il tempo si sia cristallizzato in un lungo, fugace istante capace di offrire un salutare respiro alle ansie, alle angosce, ai fantasmi interiori. Una quiete che forse non sarà mai capace di esaudire le irrequietezze che l'essere artista ineffabilmente impone. Ma che predispone alla scoperta del *lathe biosas* dove poter sperare di trovare il senso interiore delle cose.

Ernesto Di Renzo
Università di Roma Tor Vergata

Spazi liminali

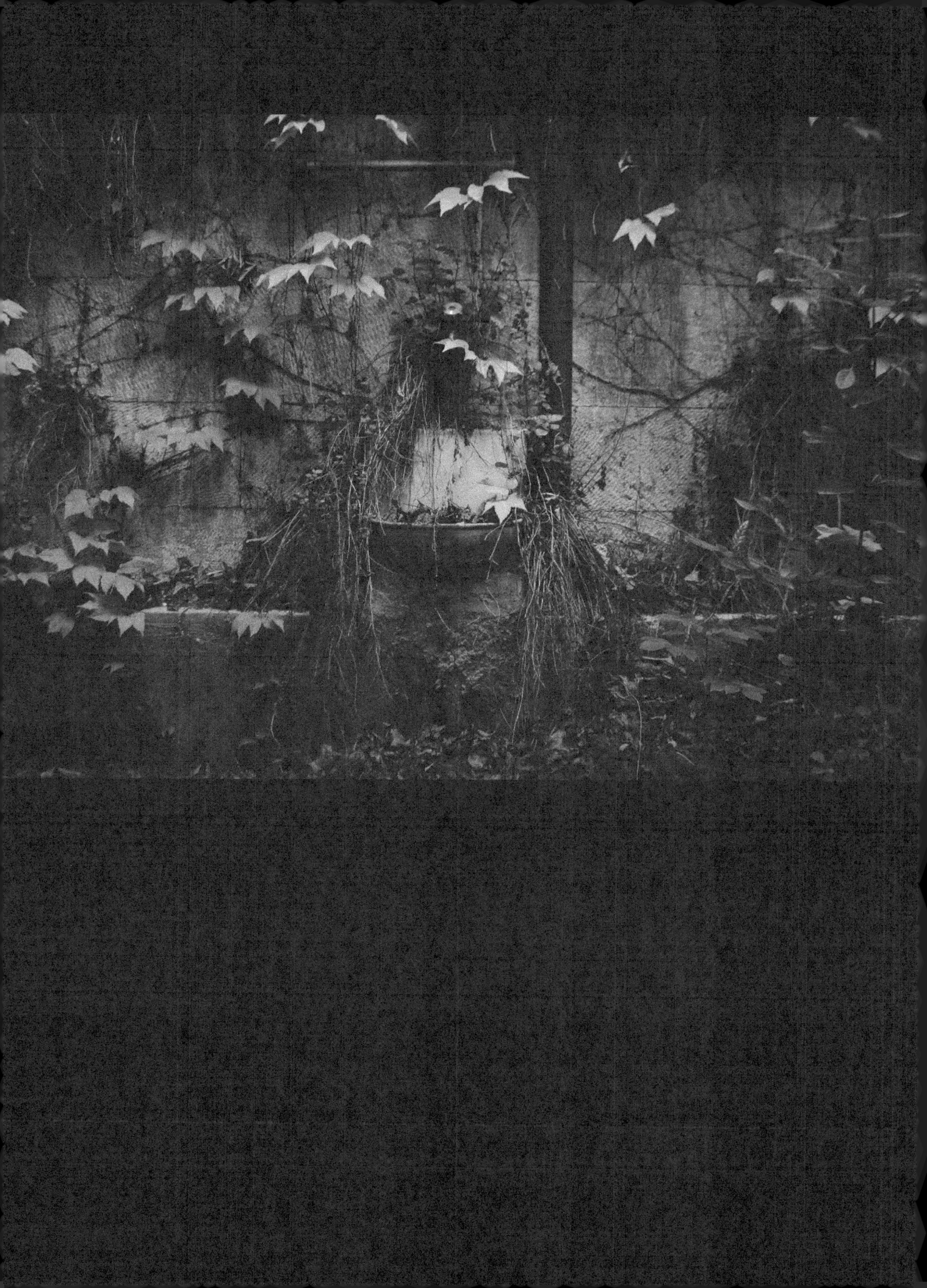

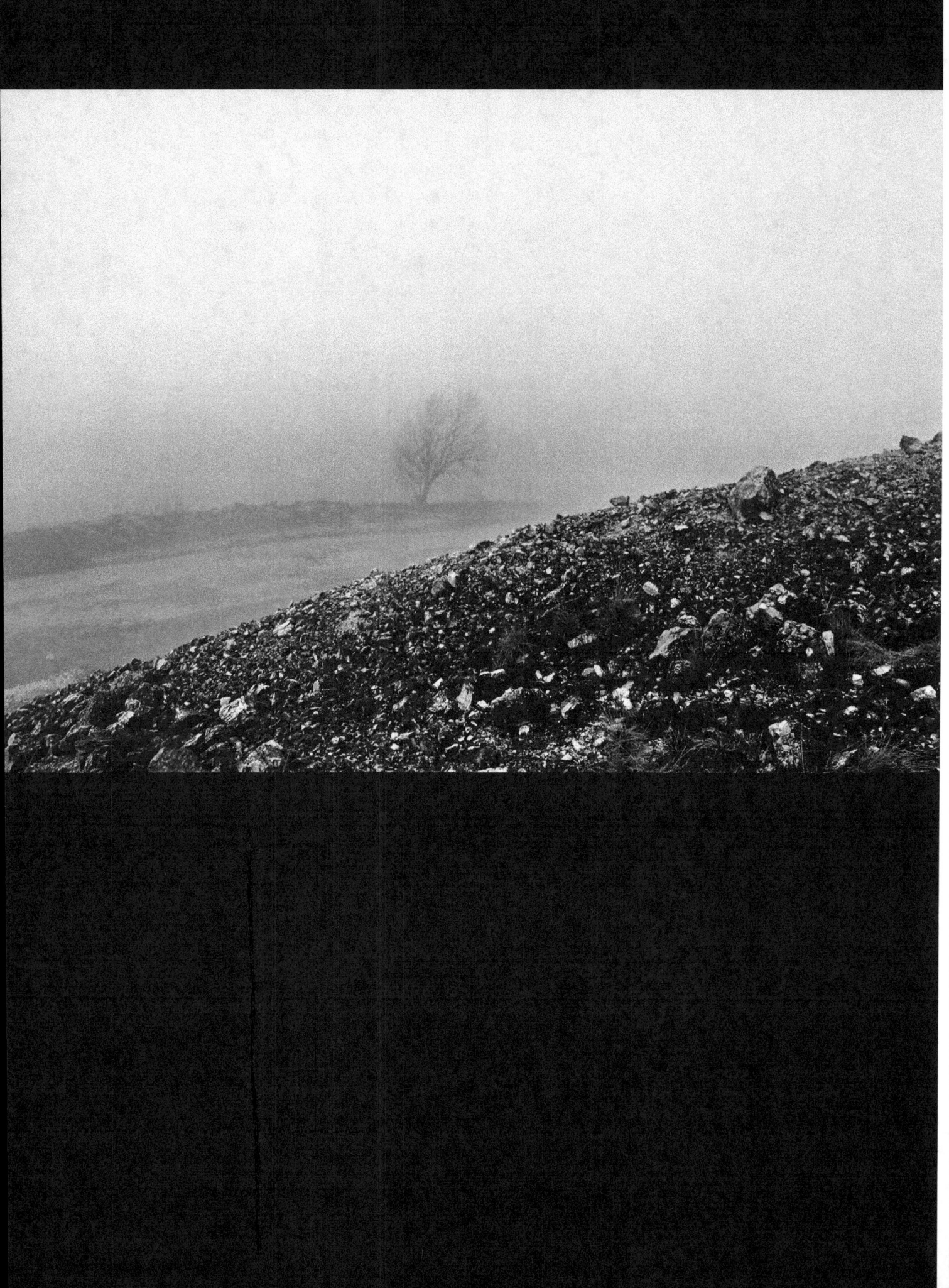

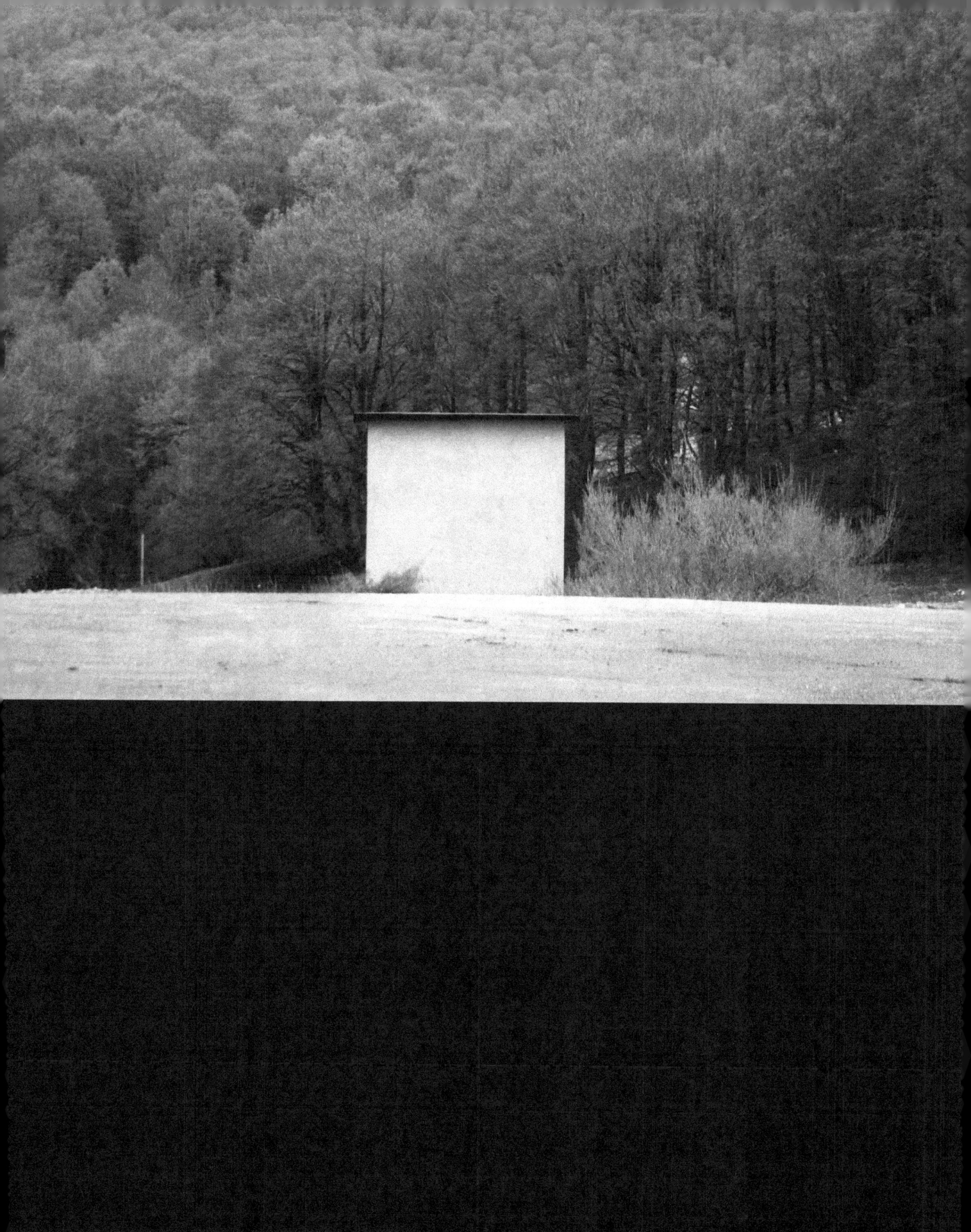

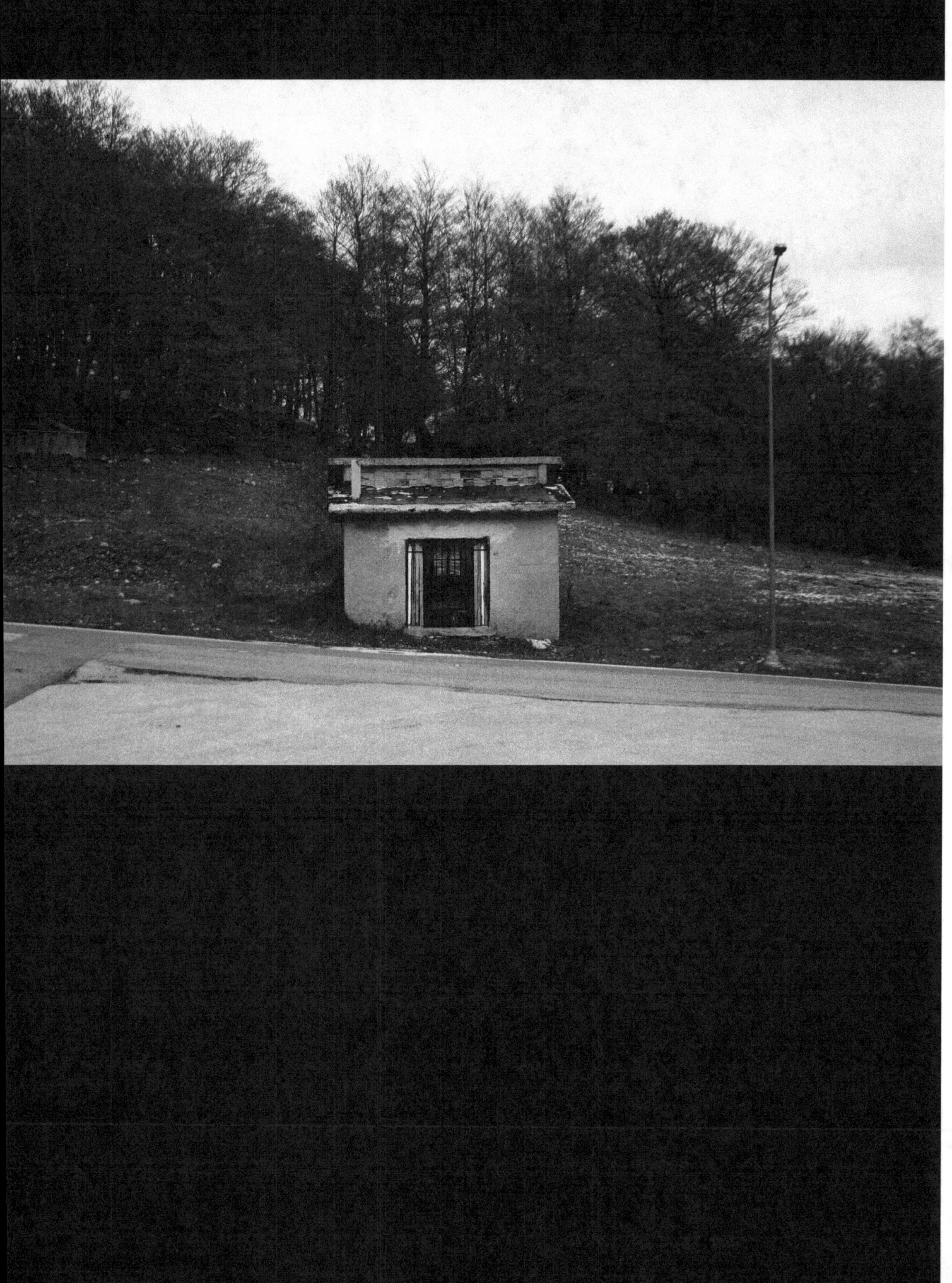

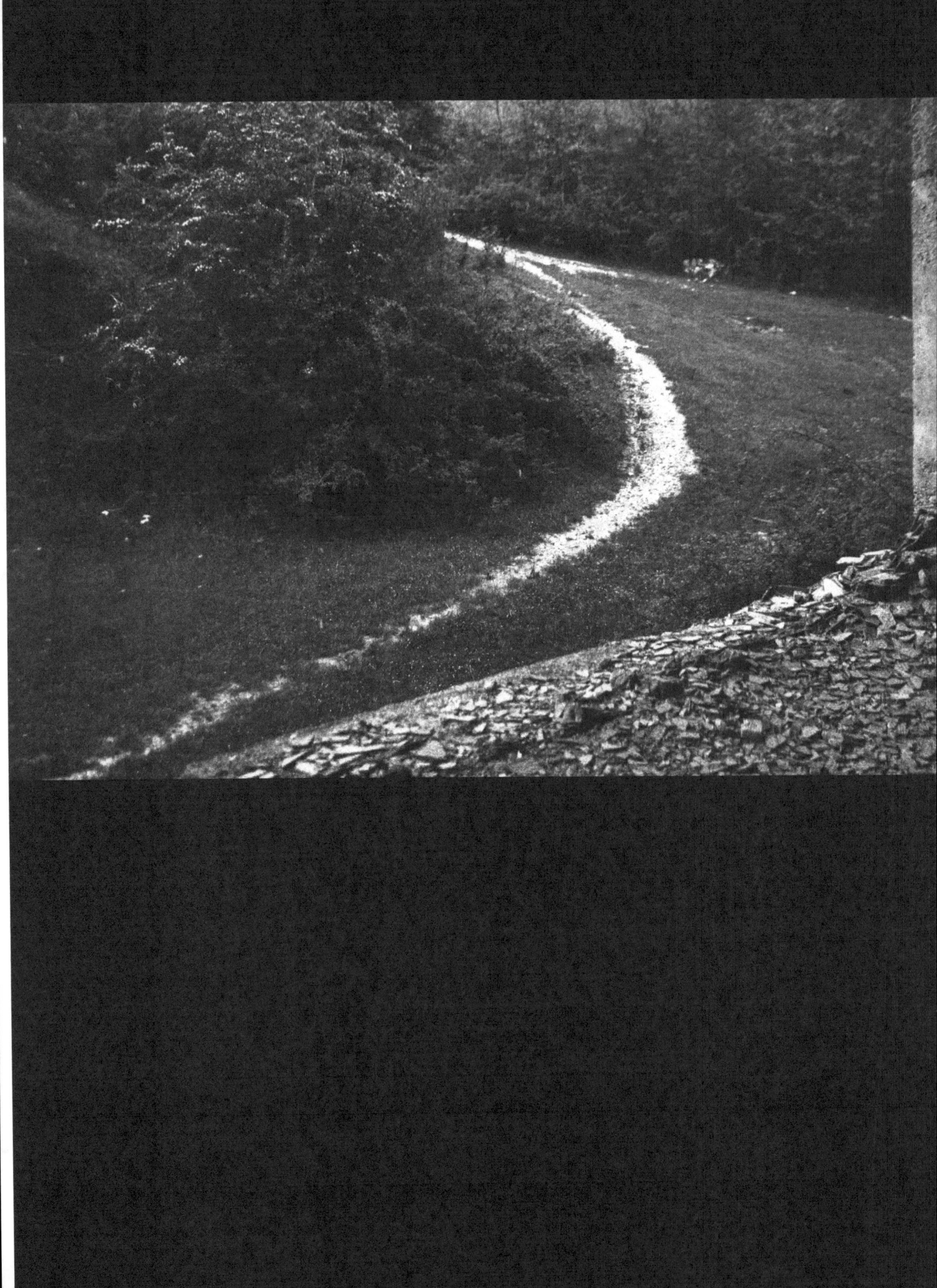

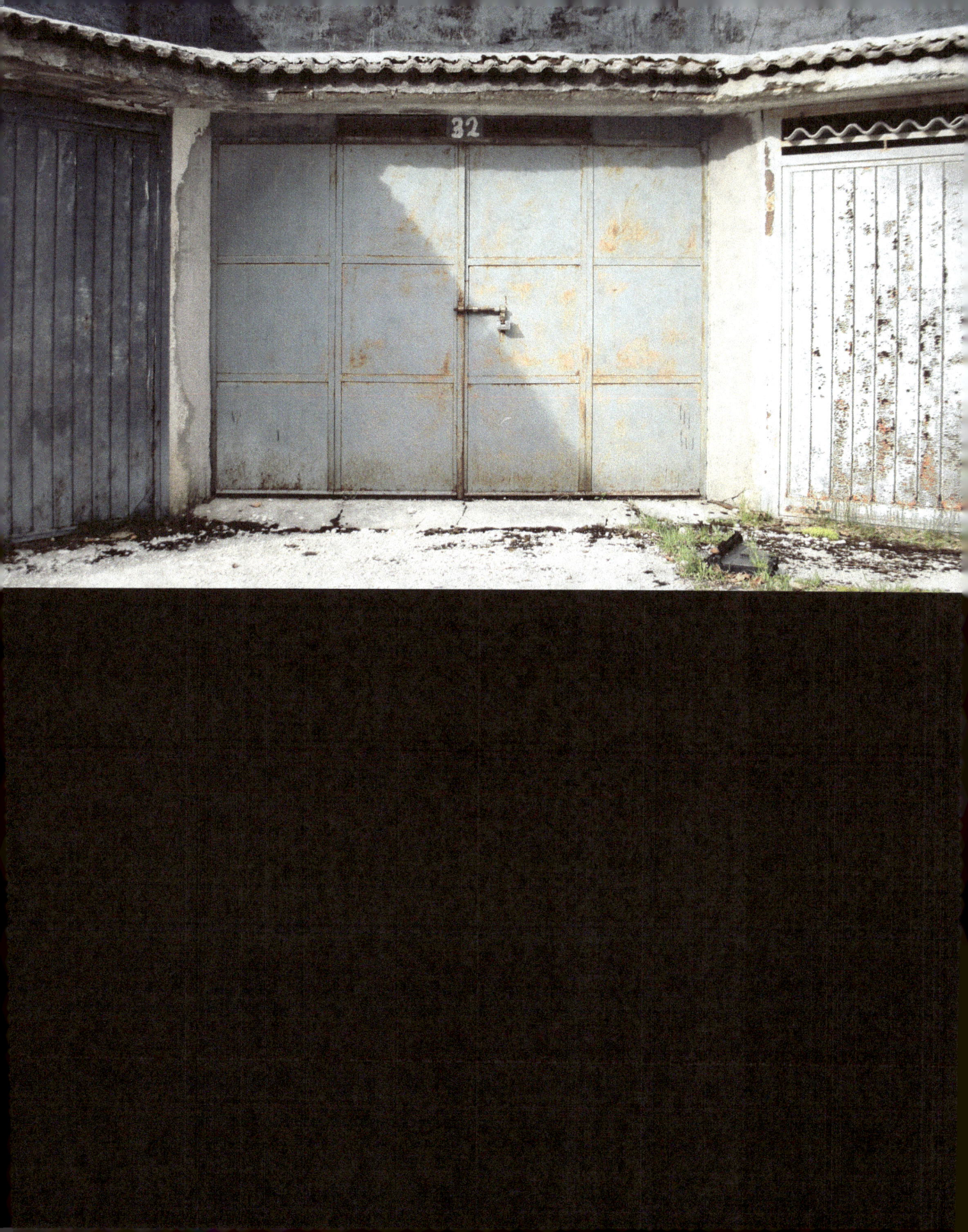

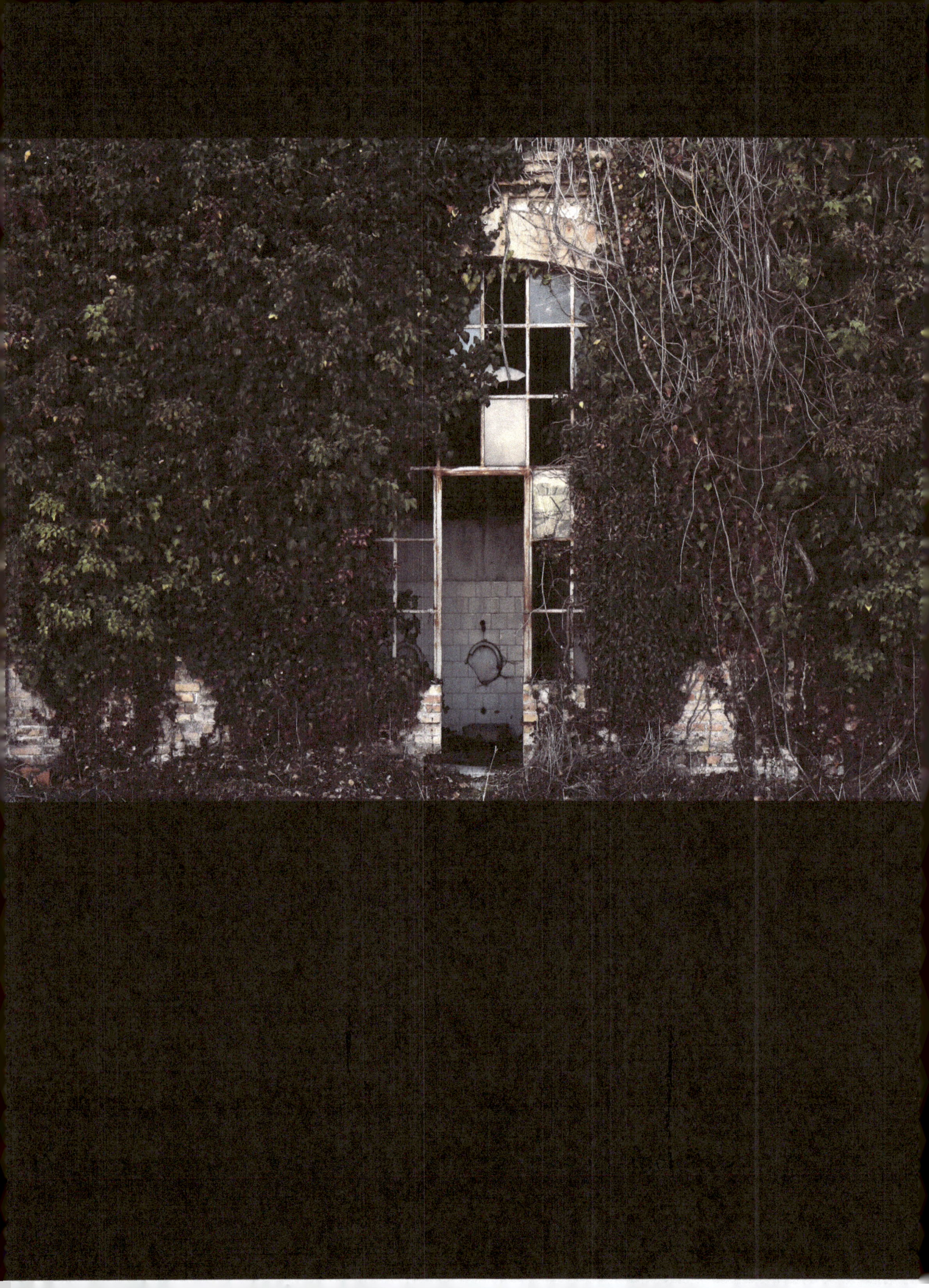

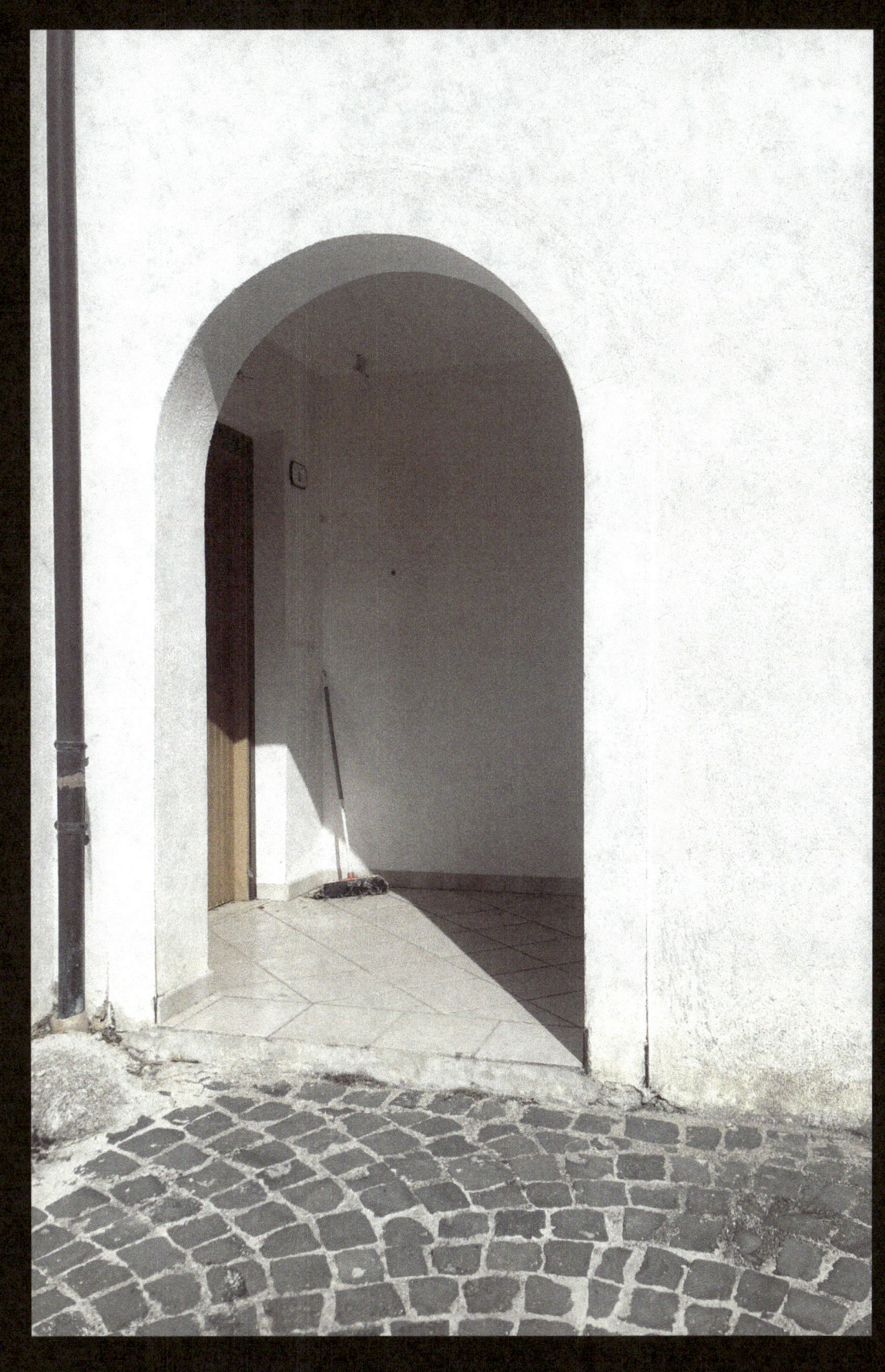

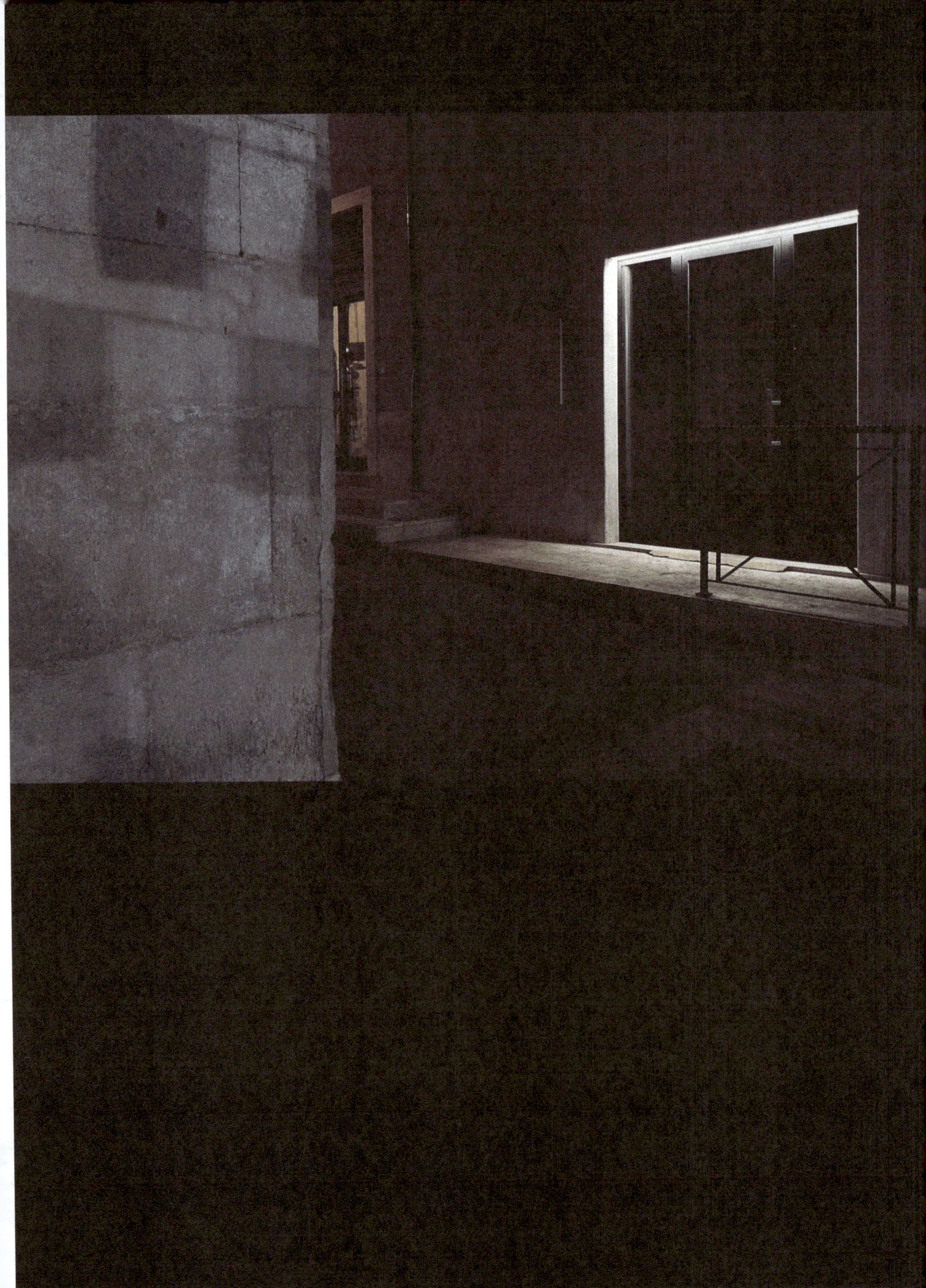

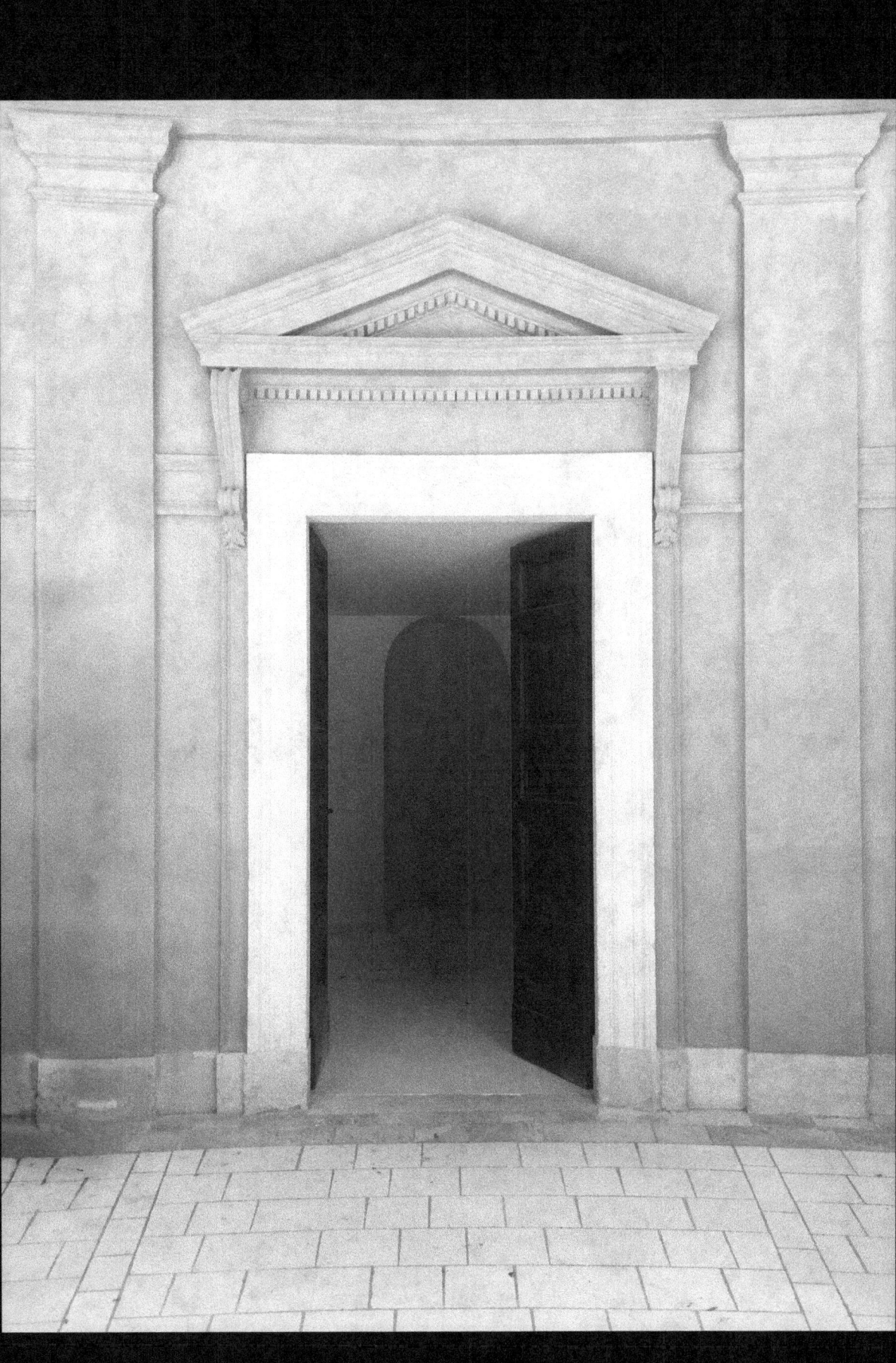

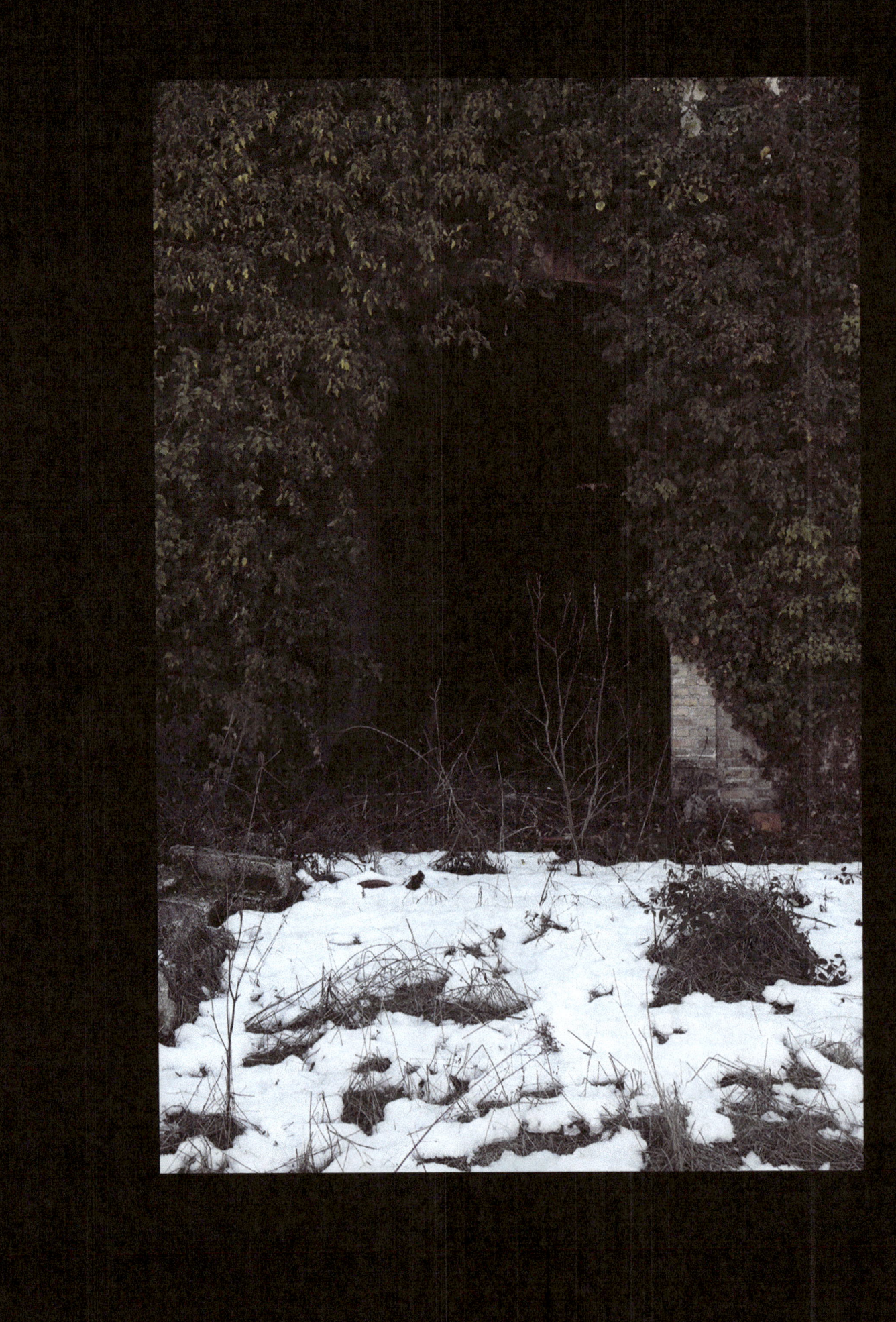

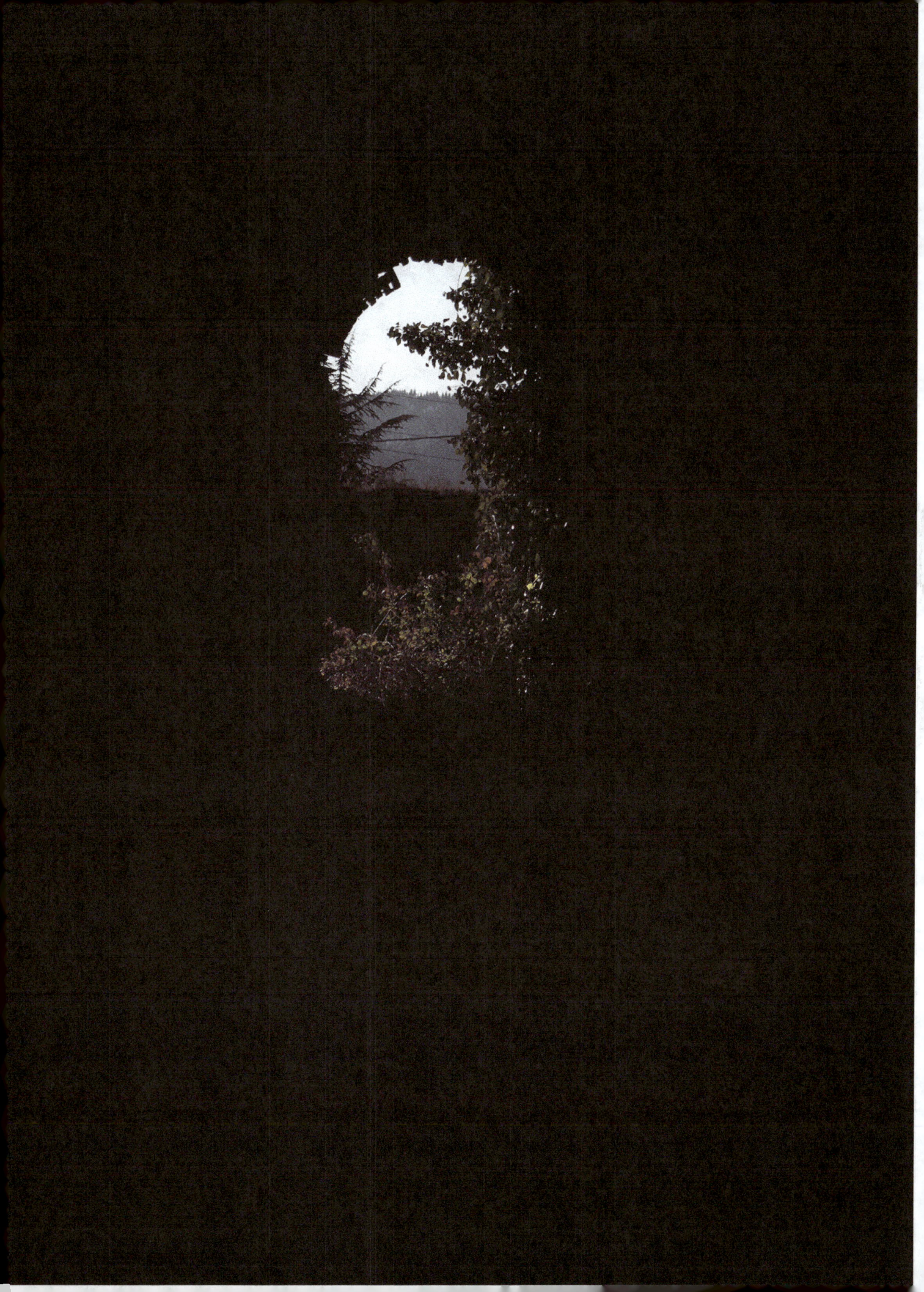

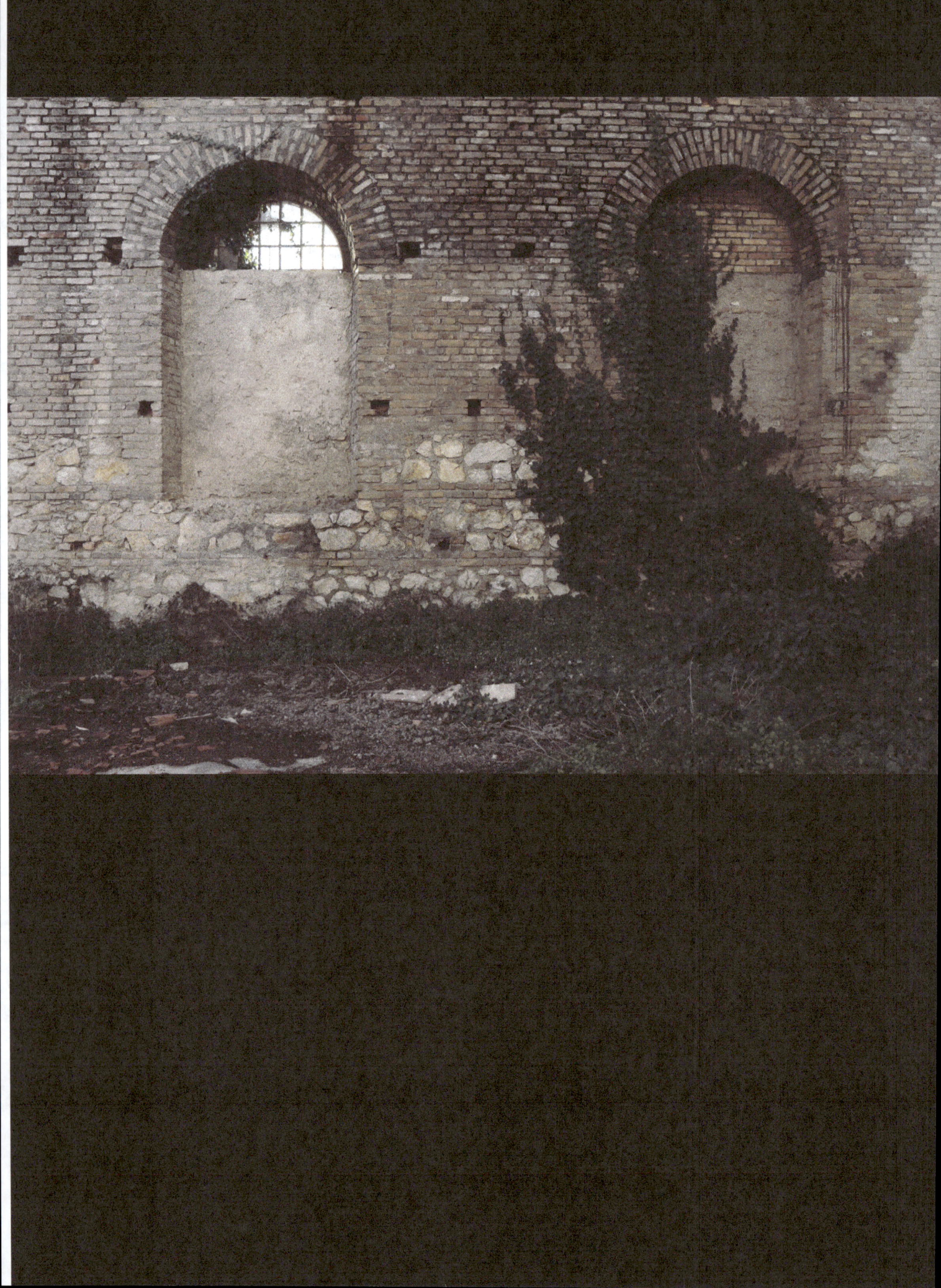

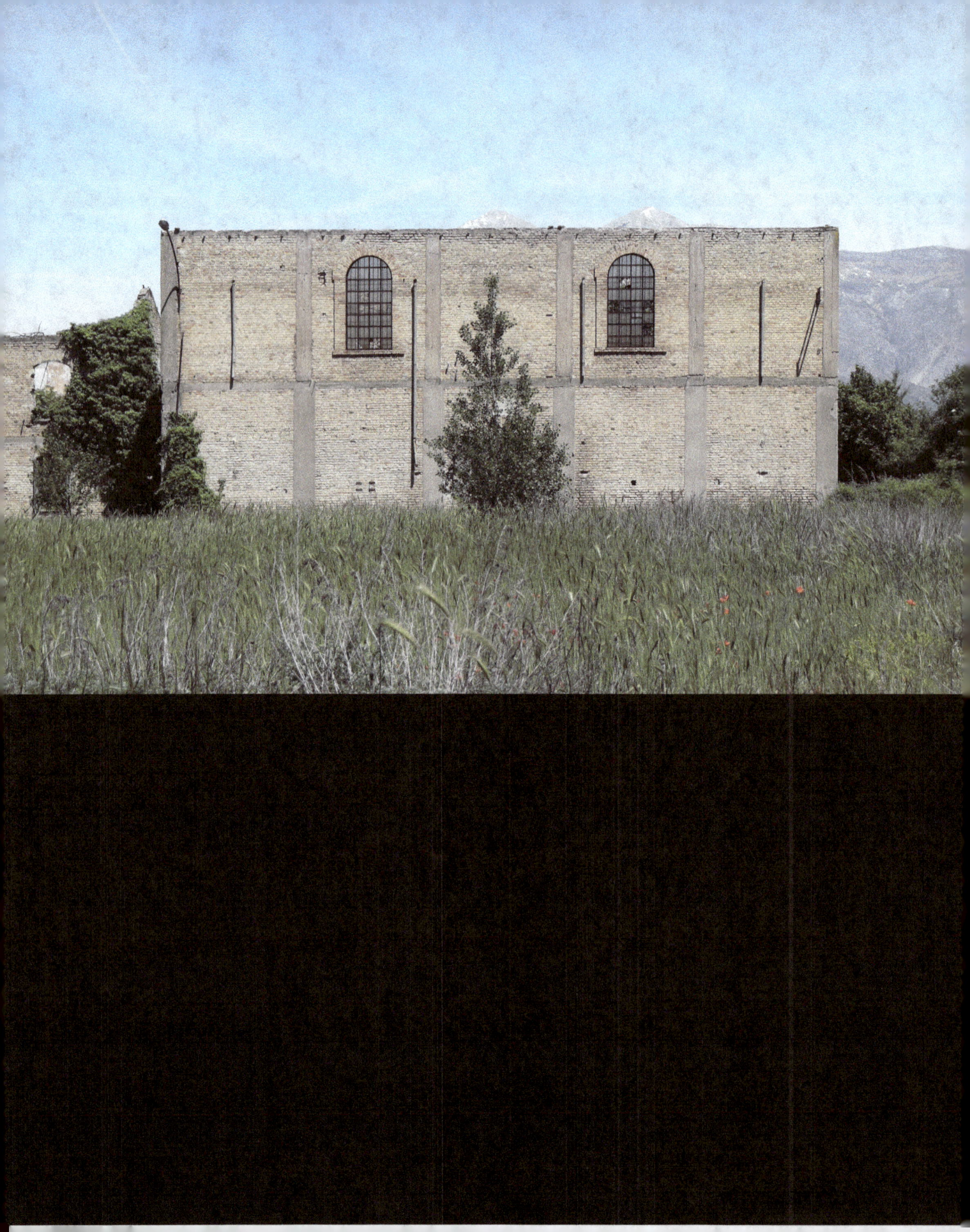

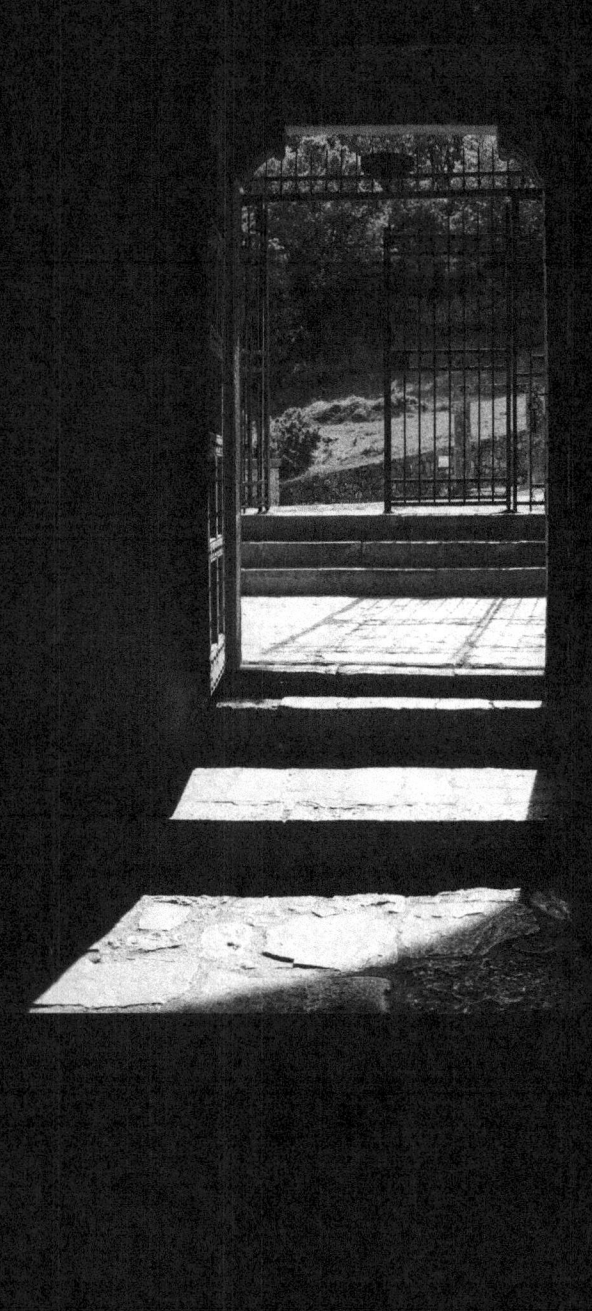

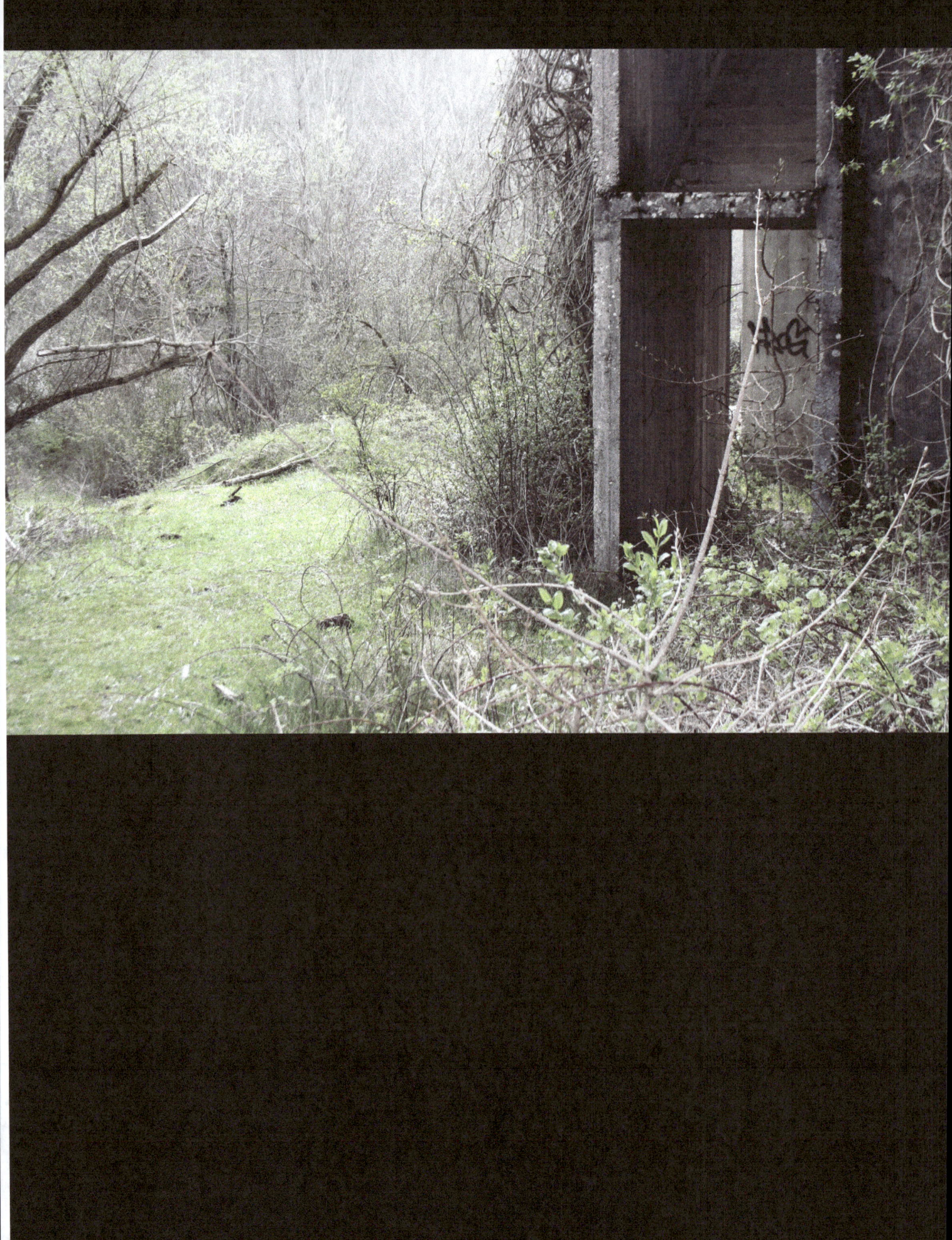

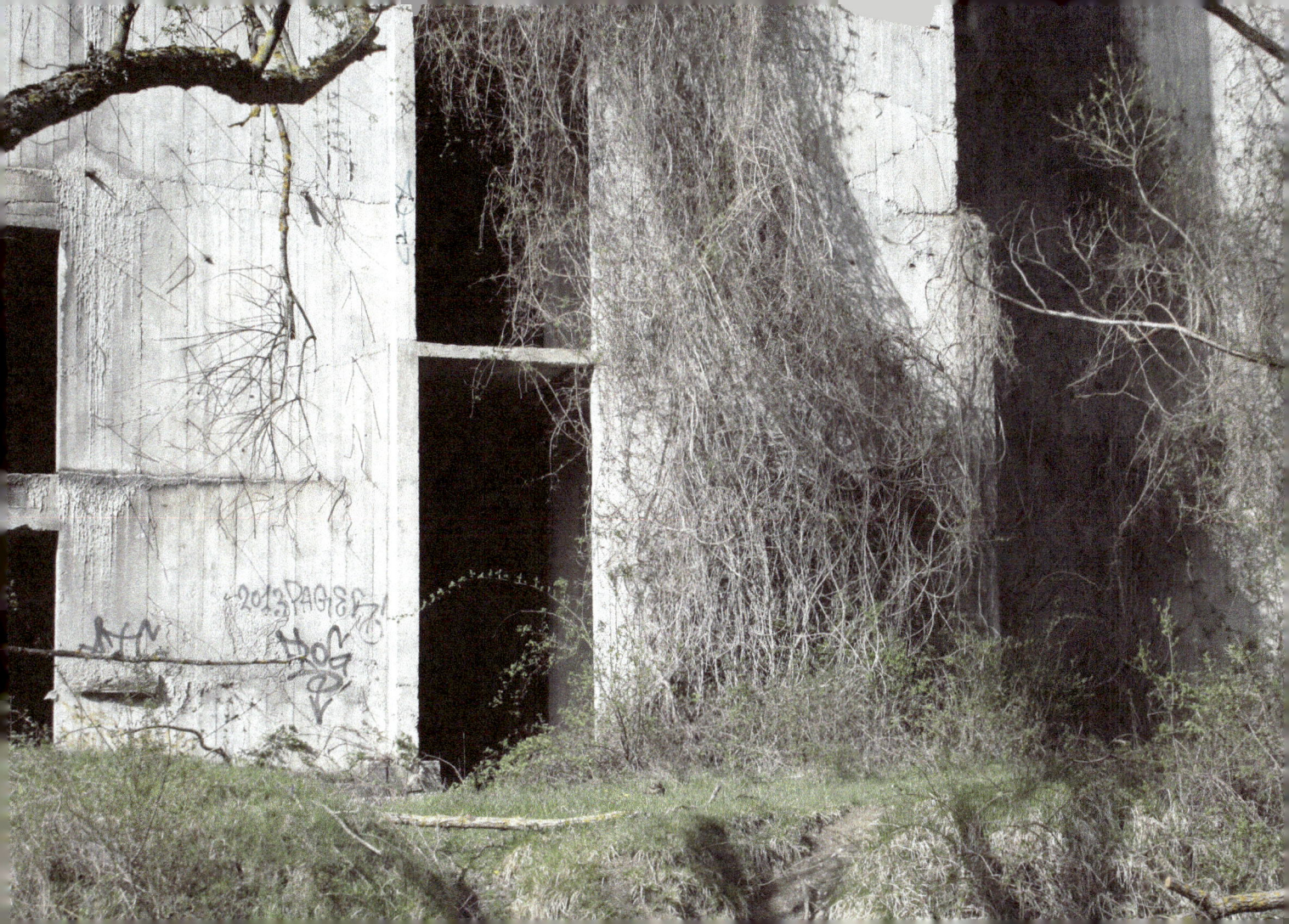

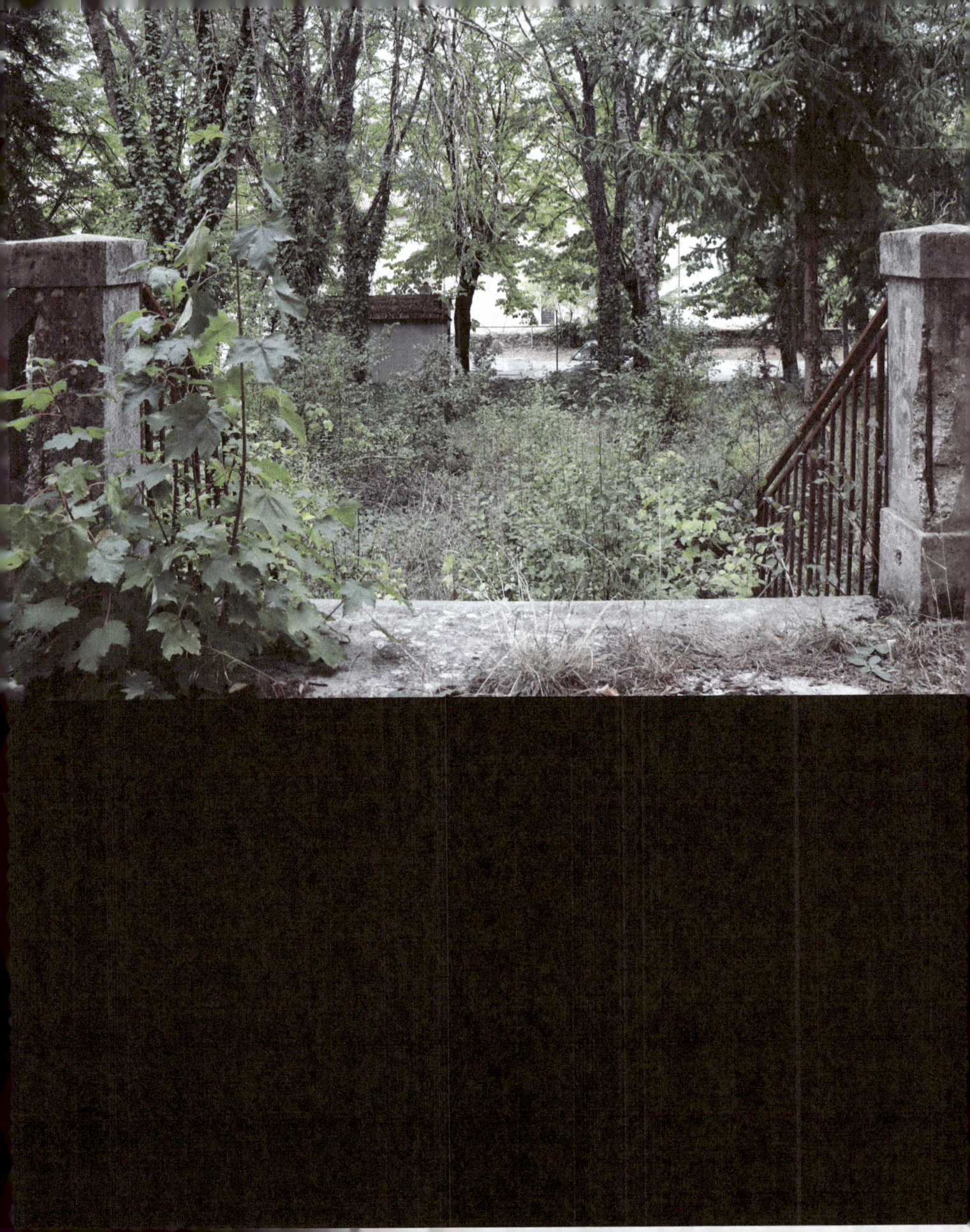

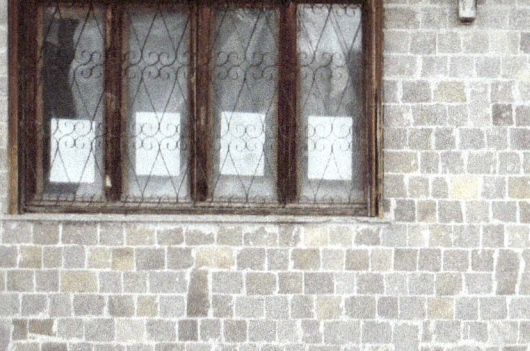

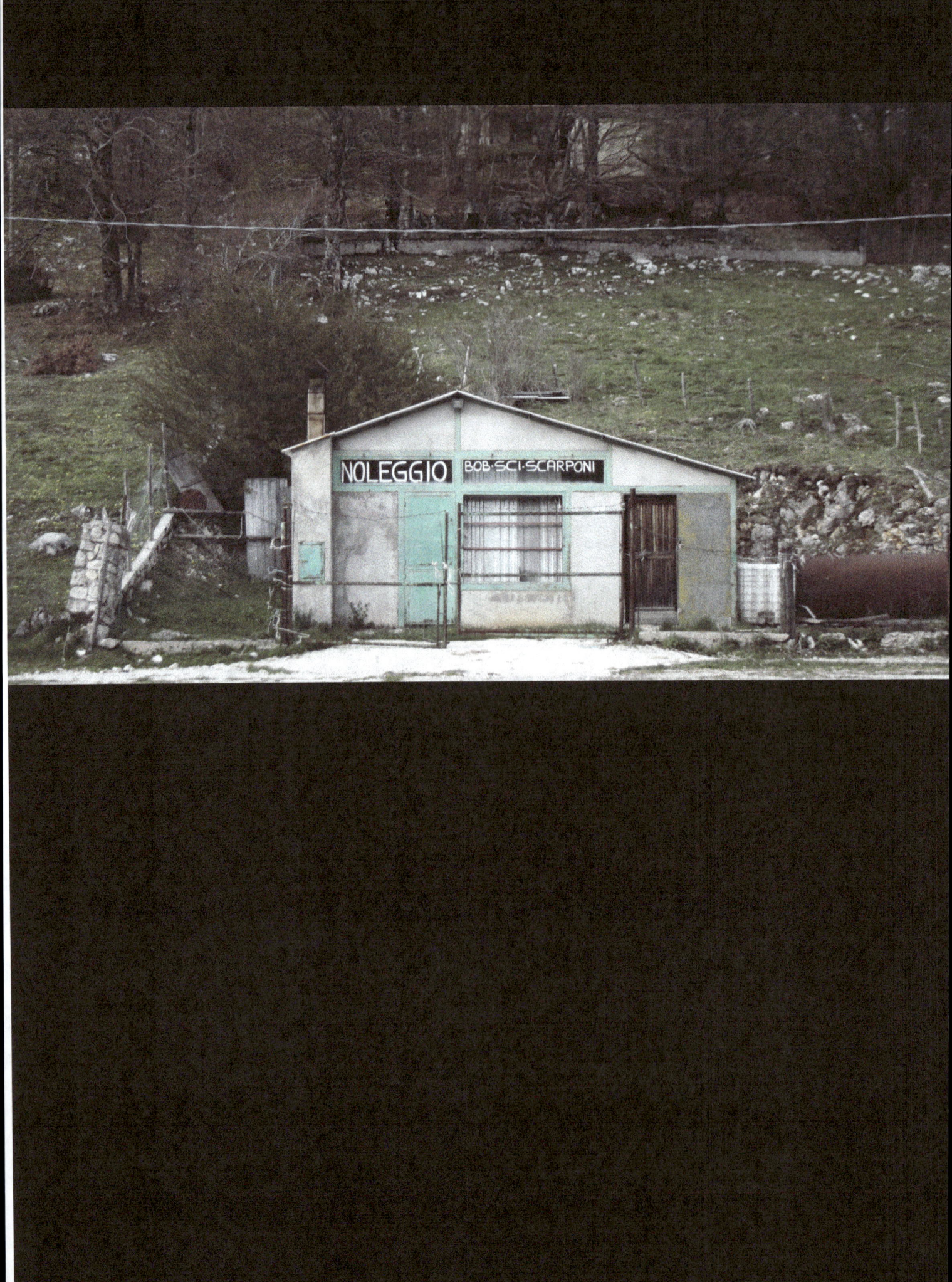

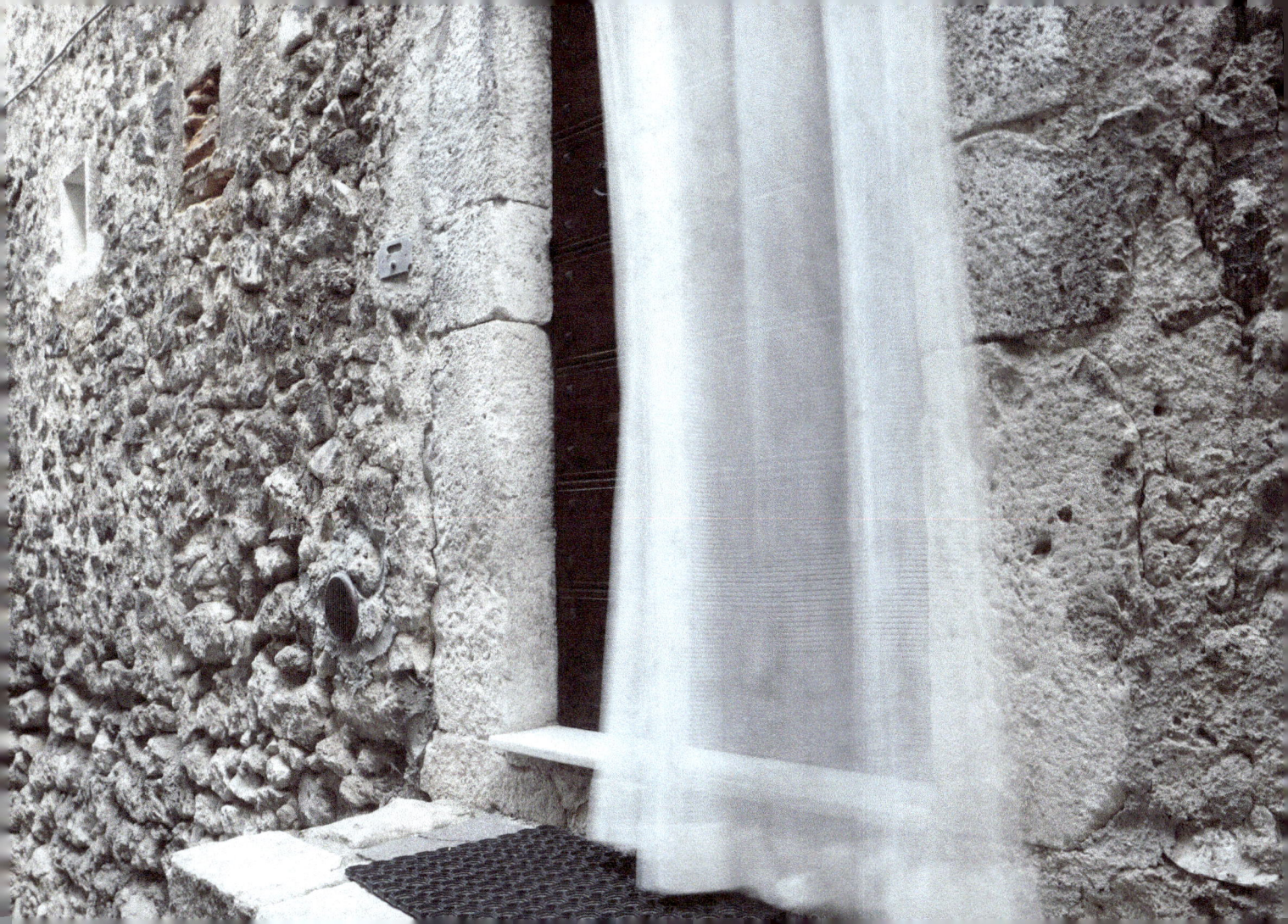

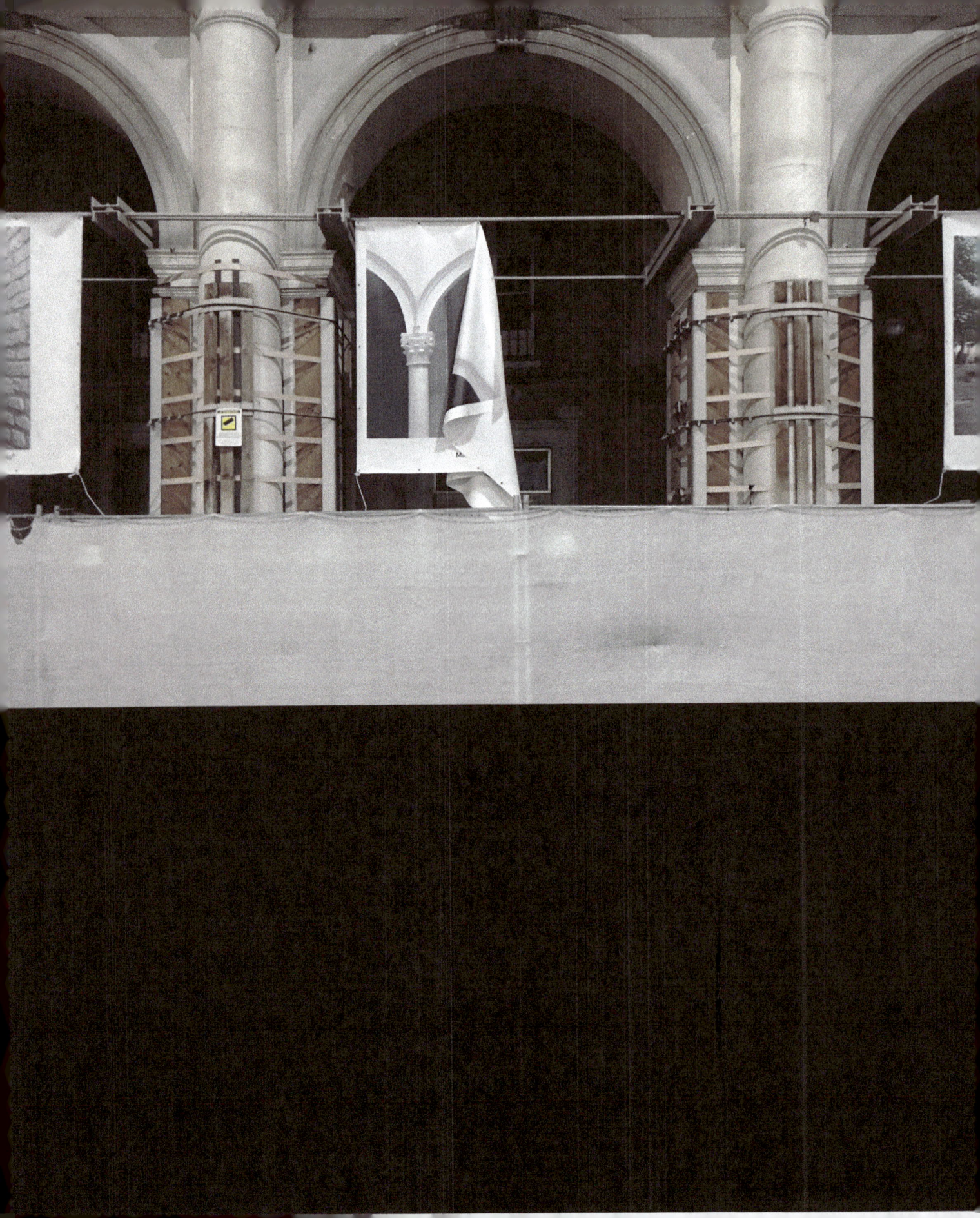

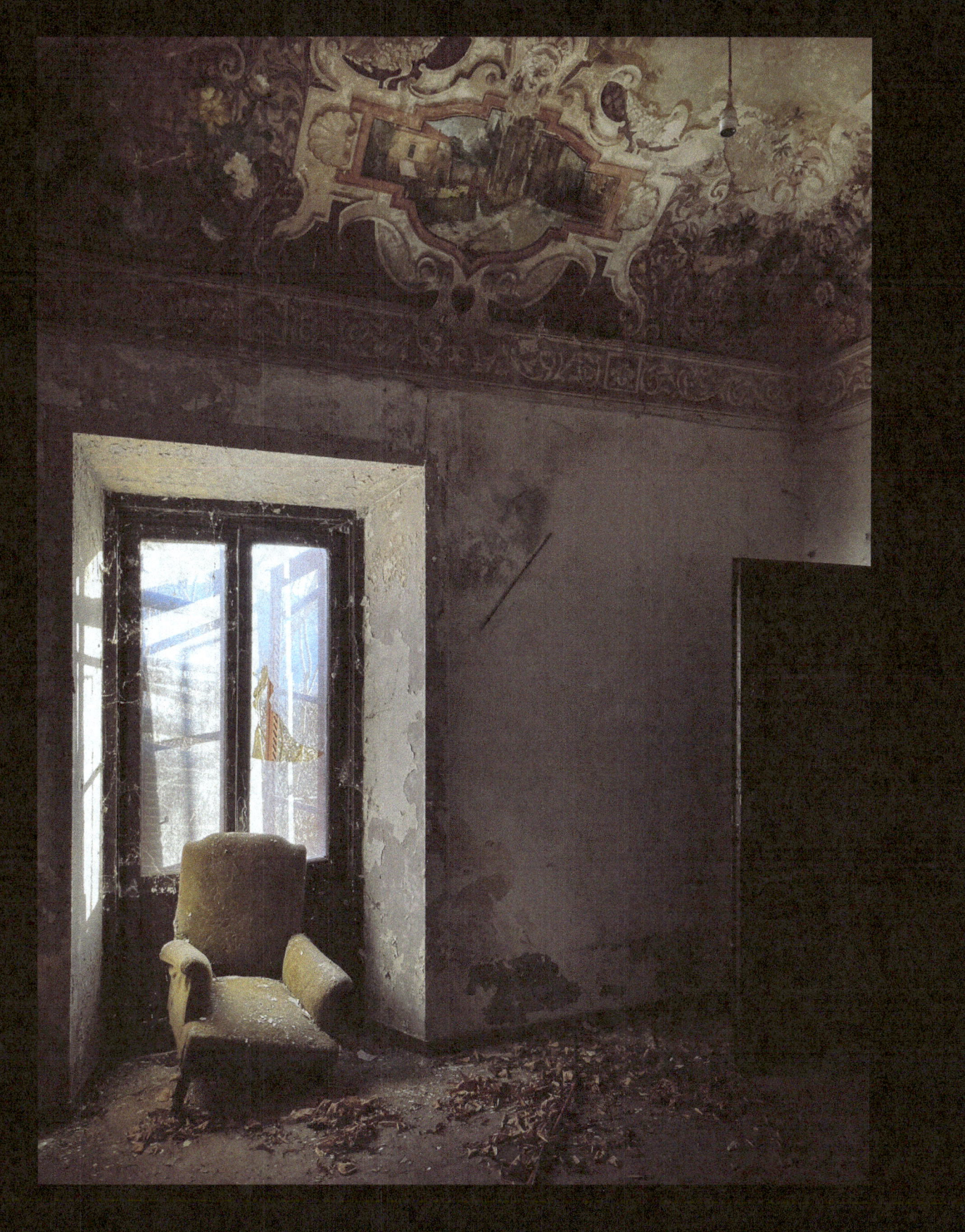

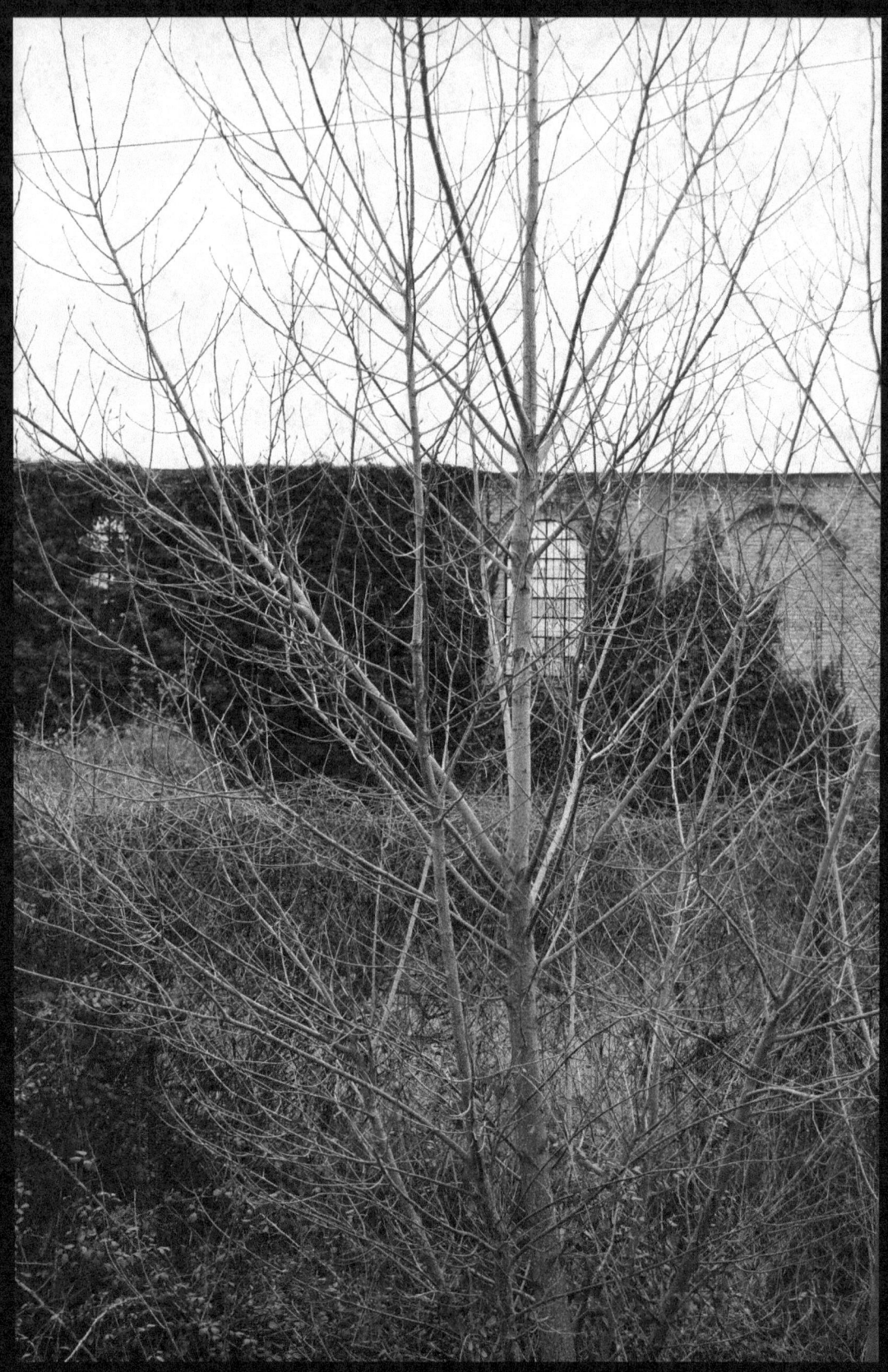

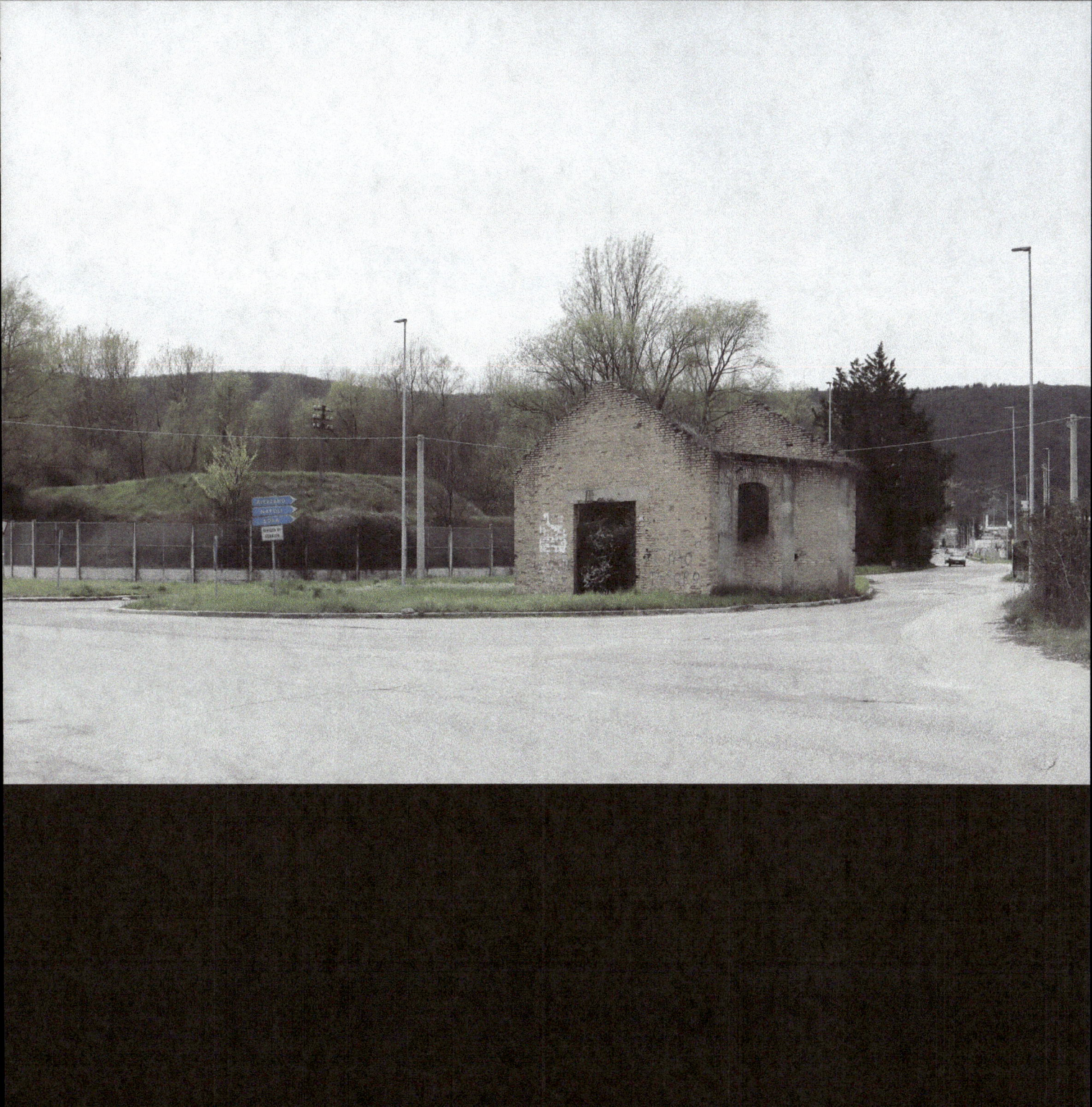

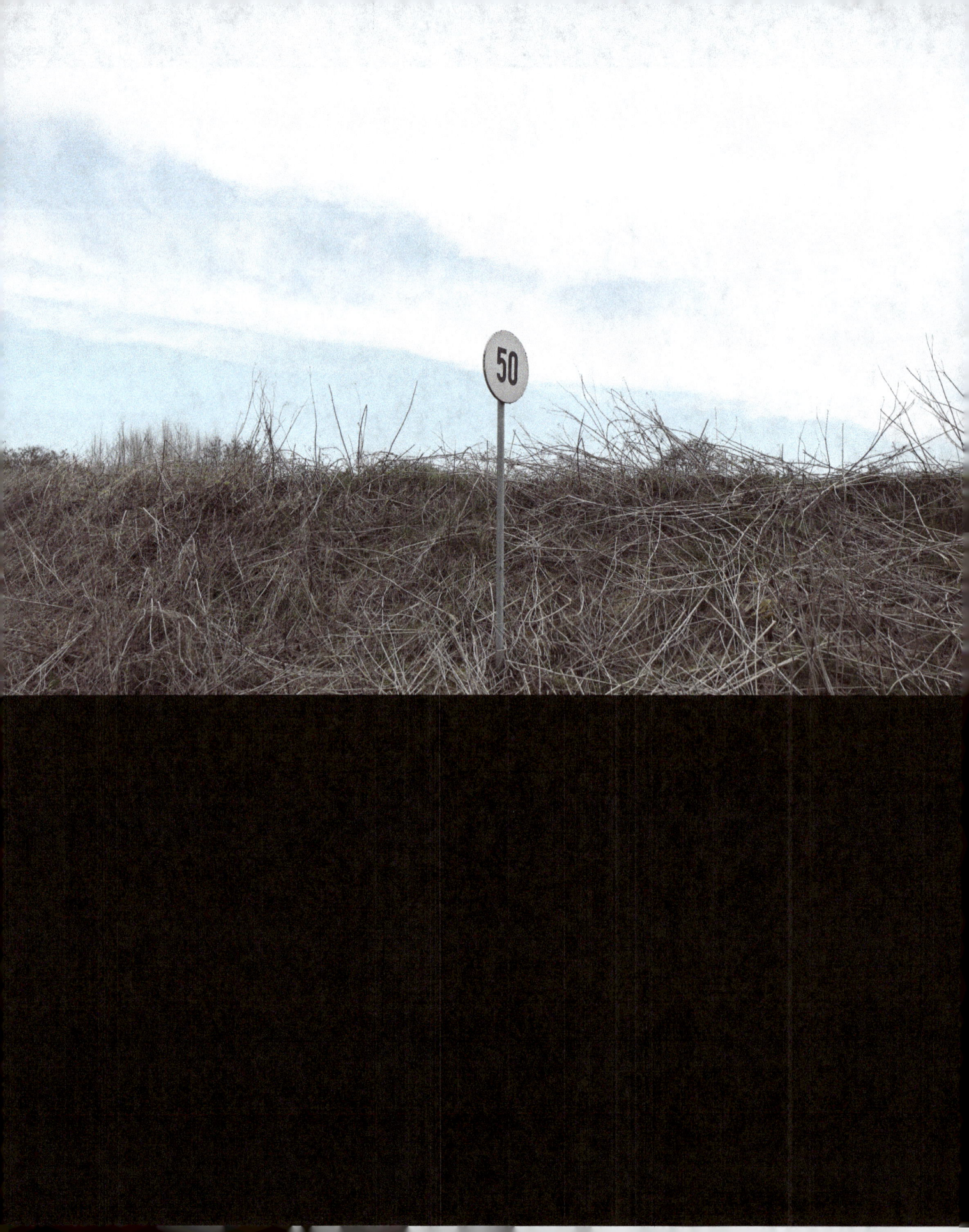

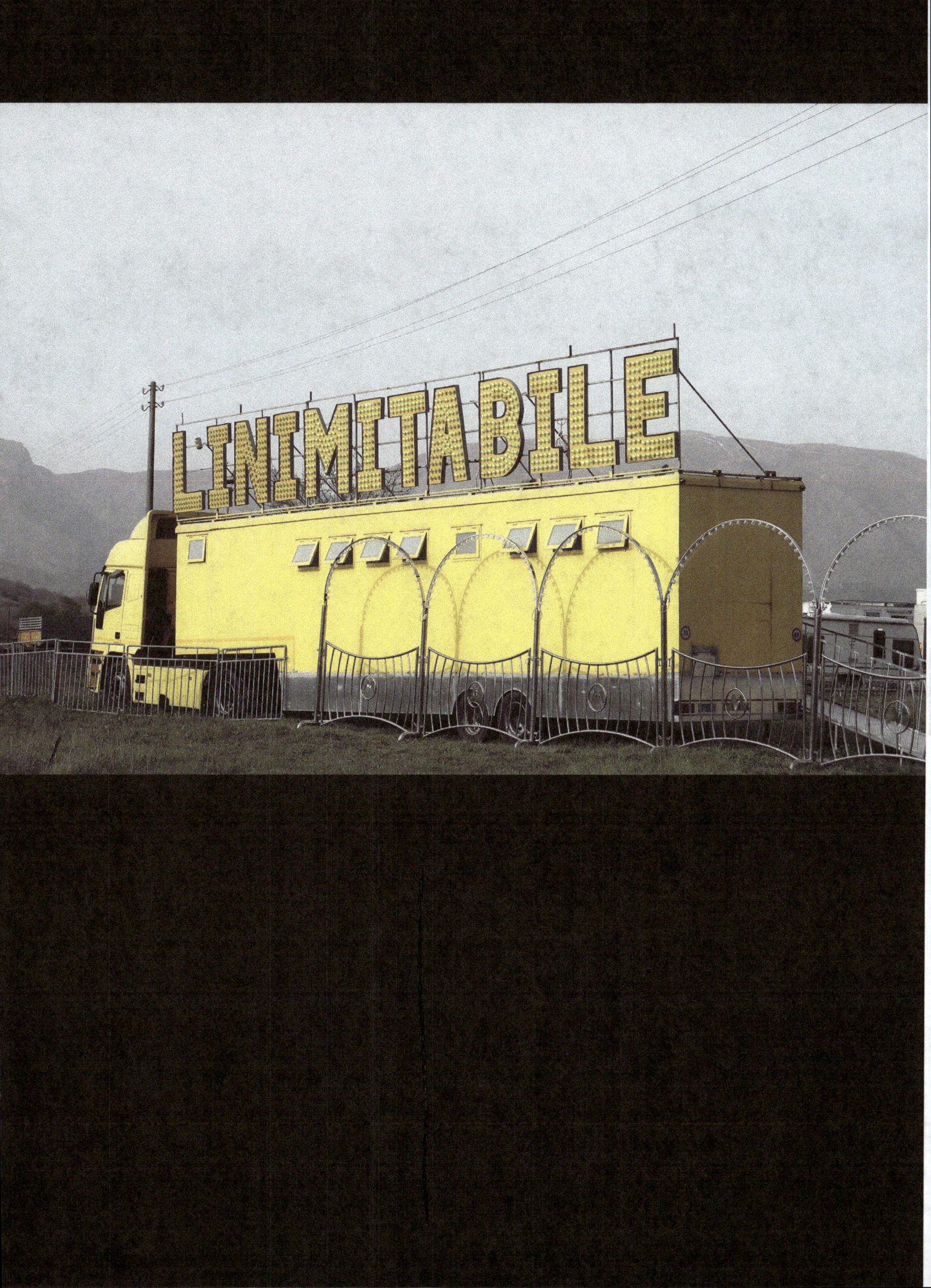

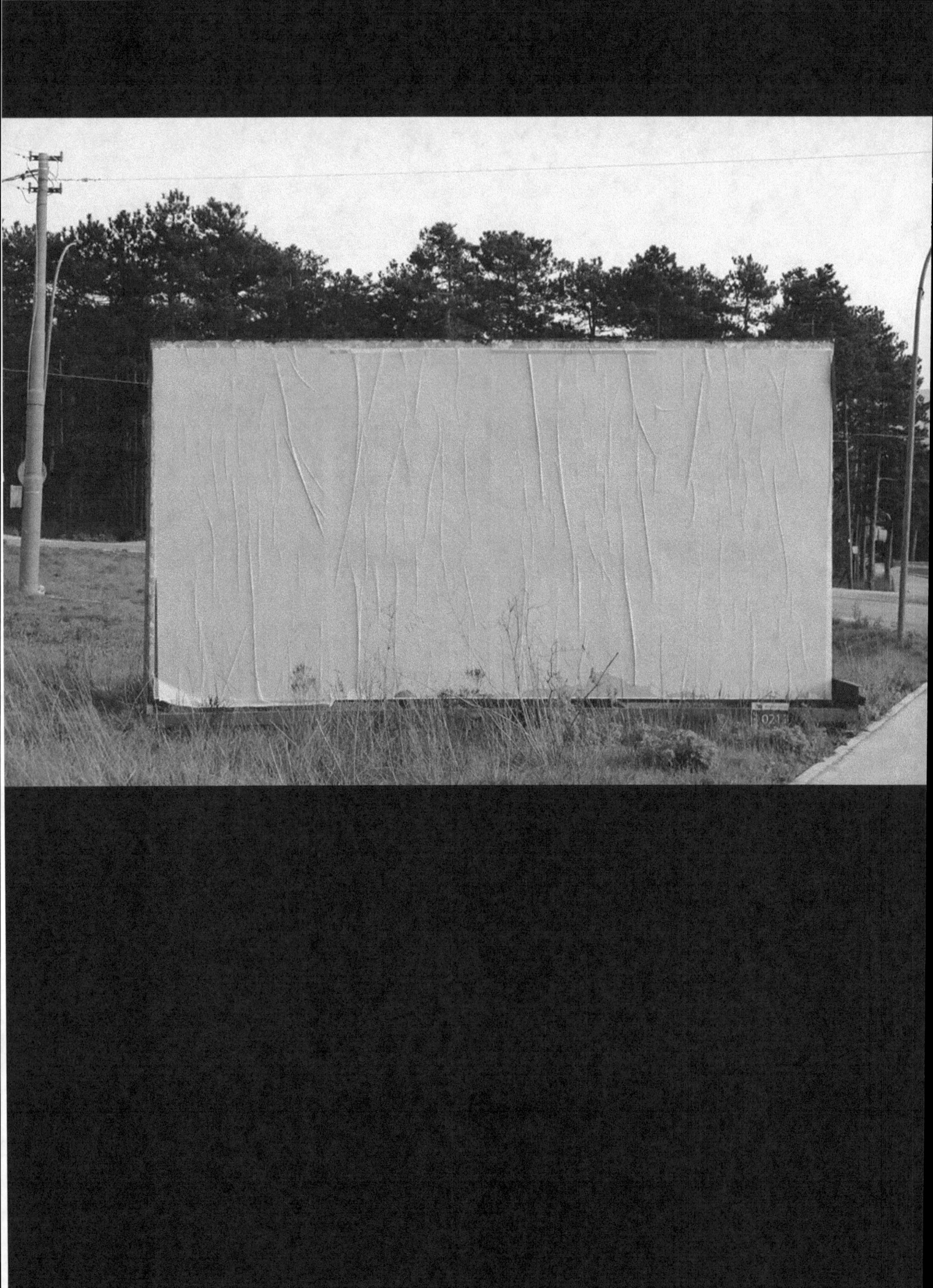

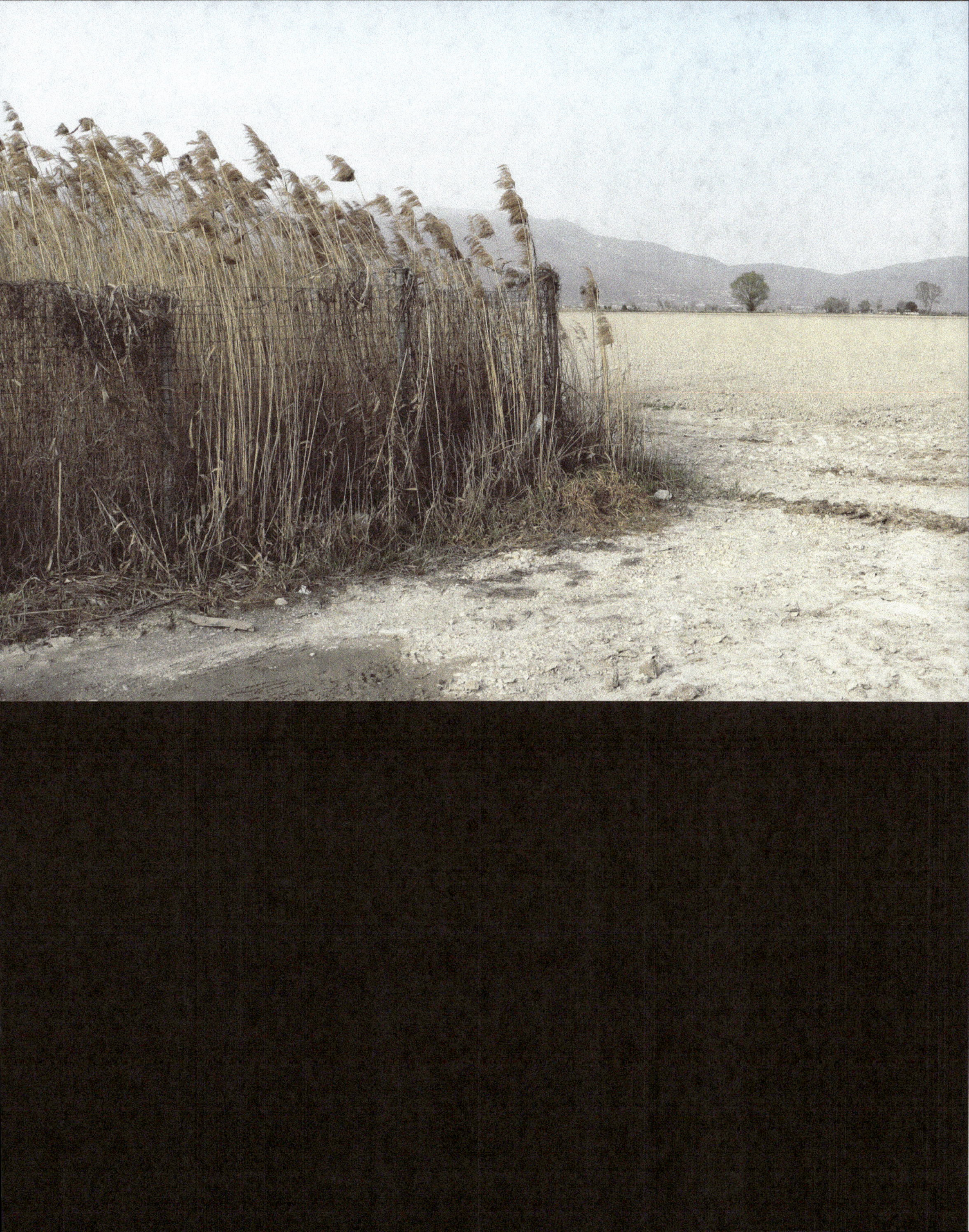

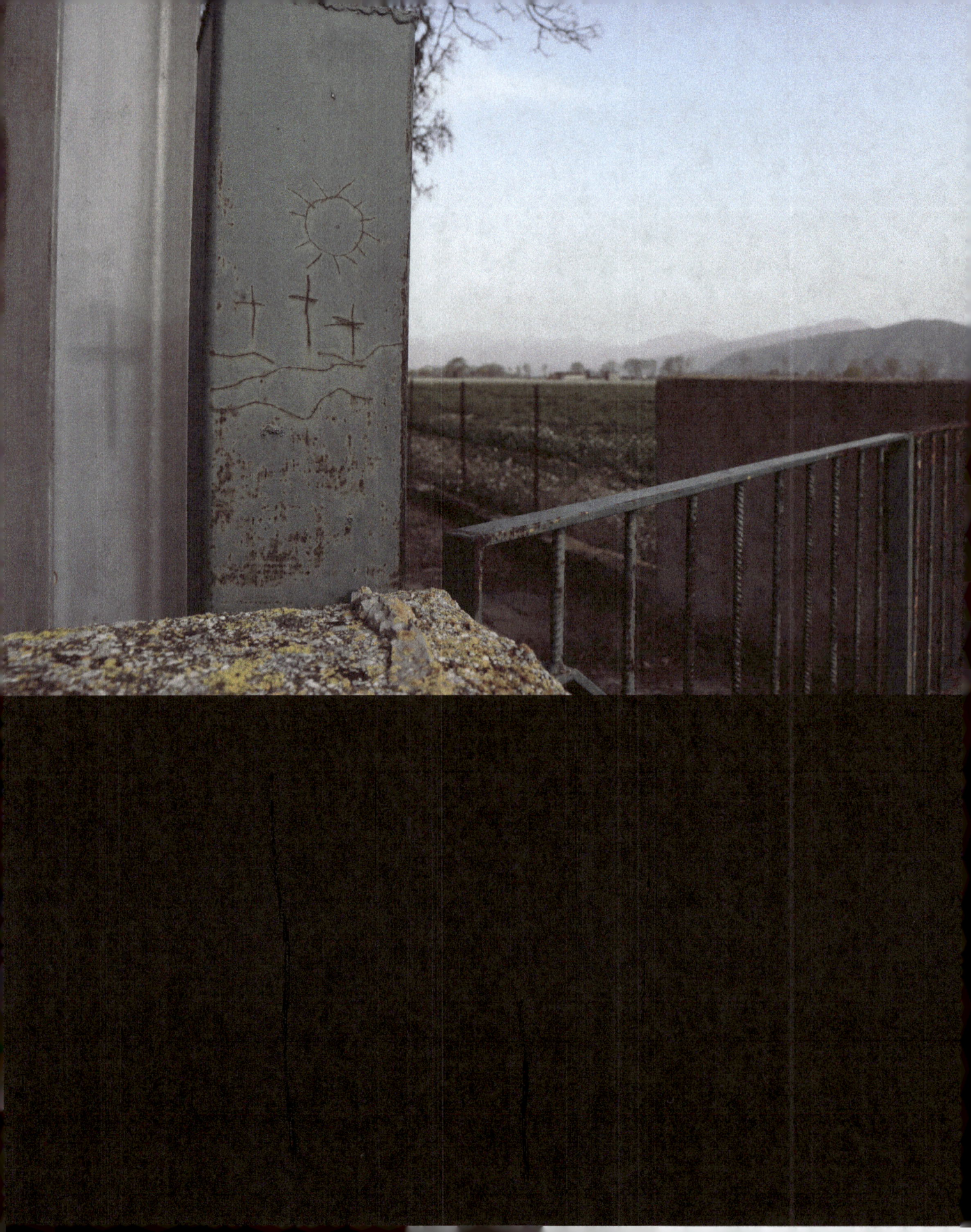

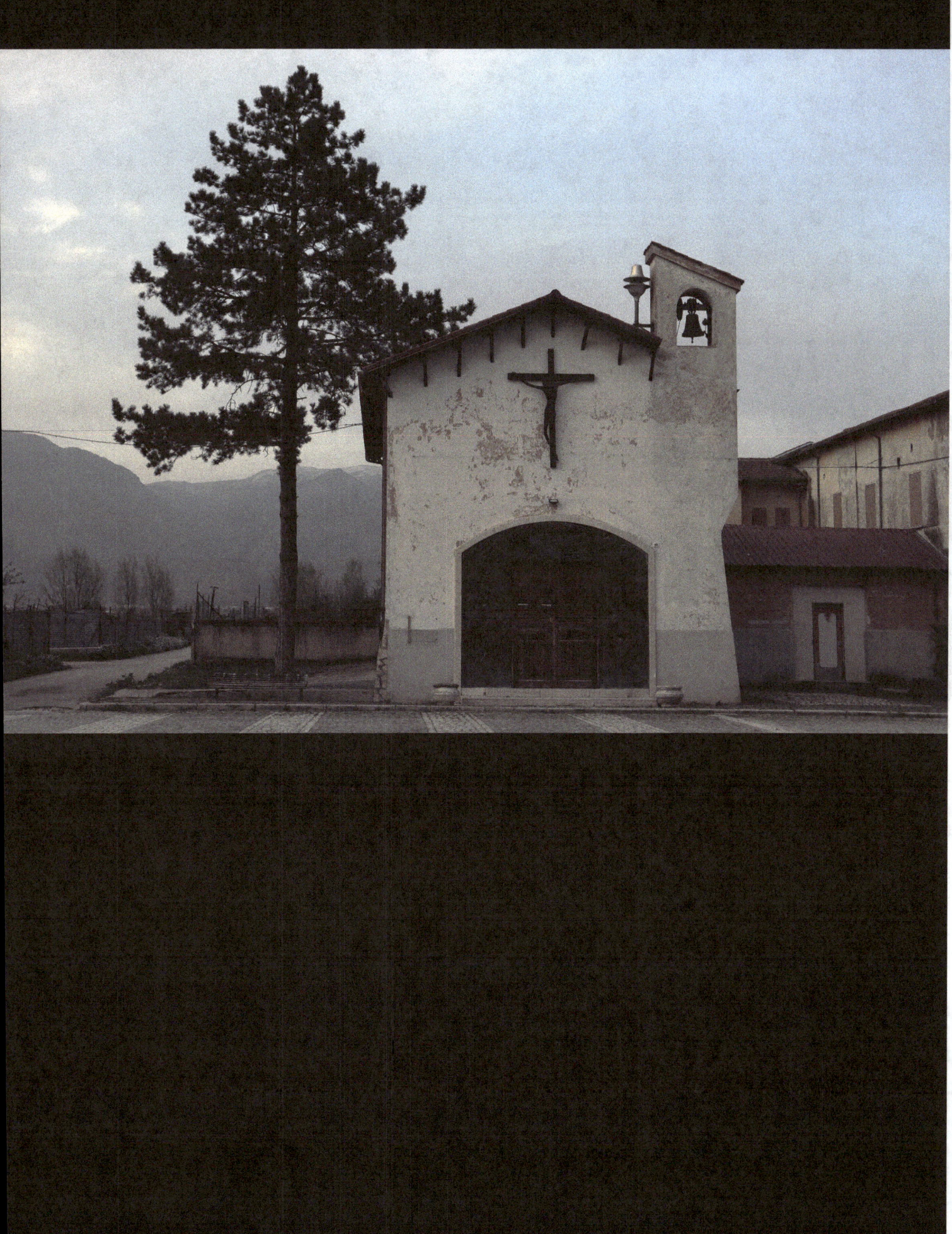

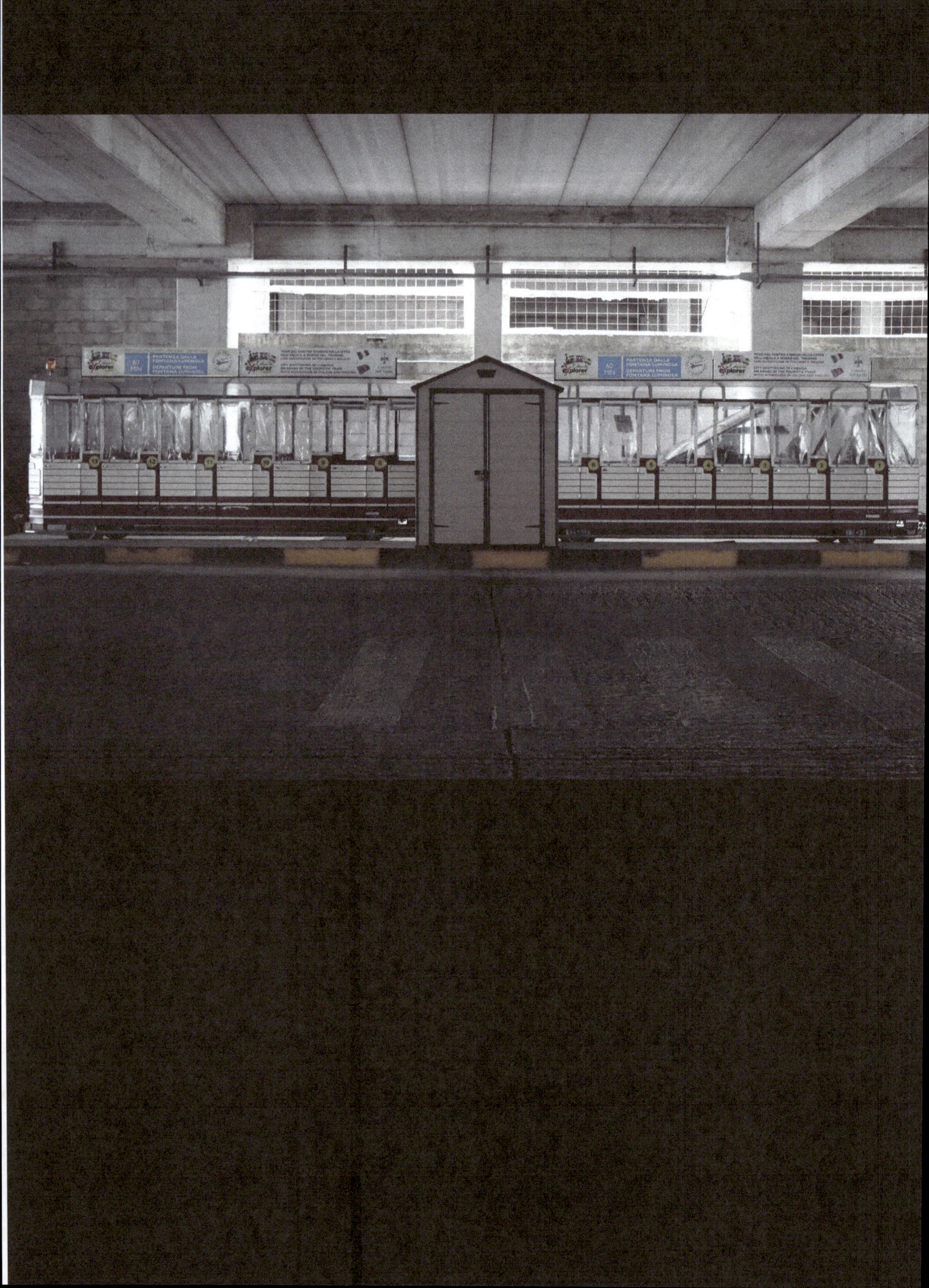

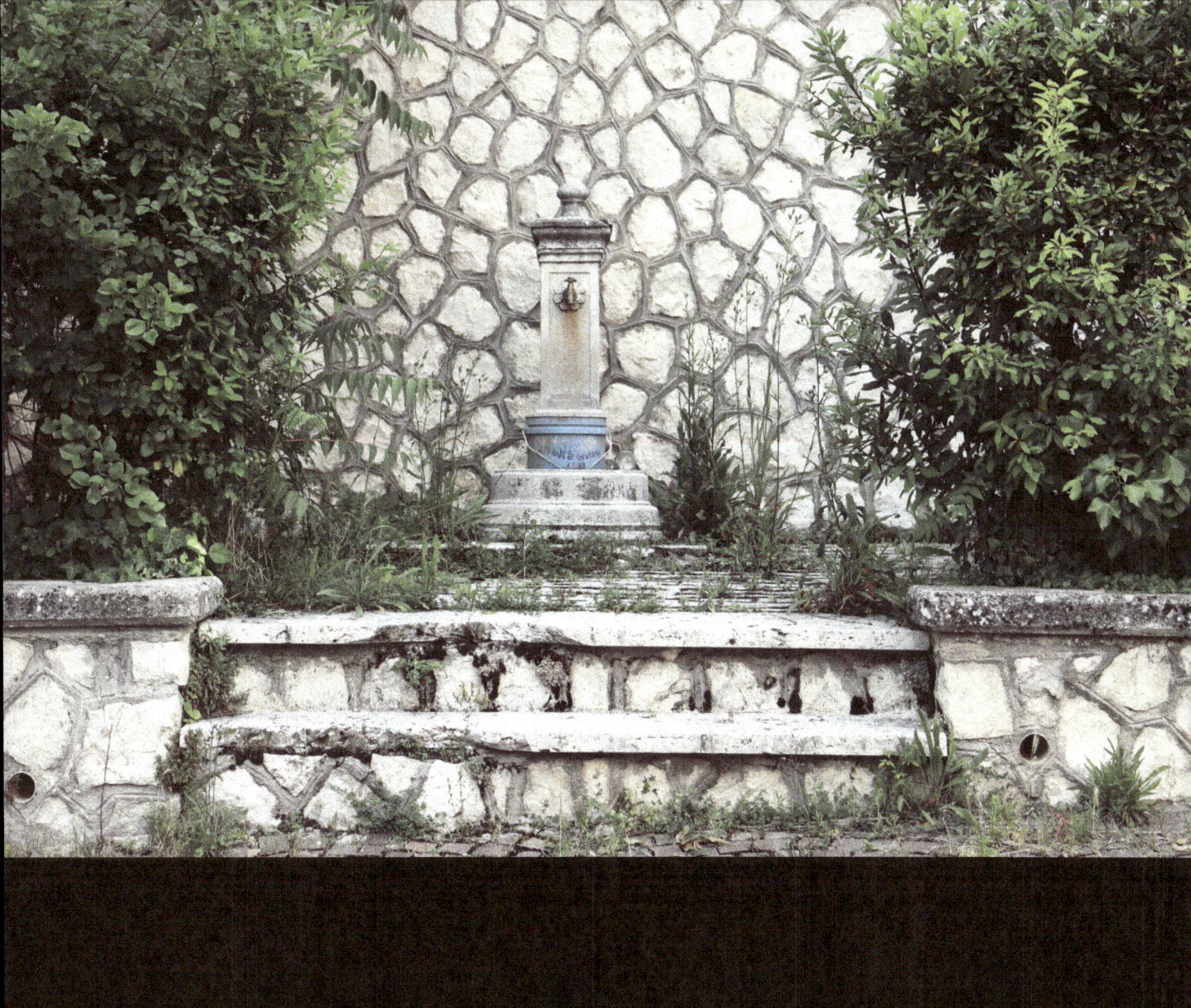

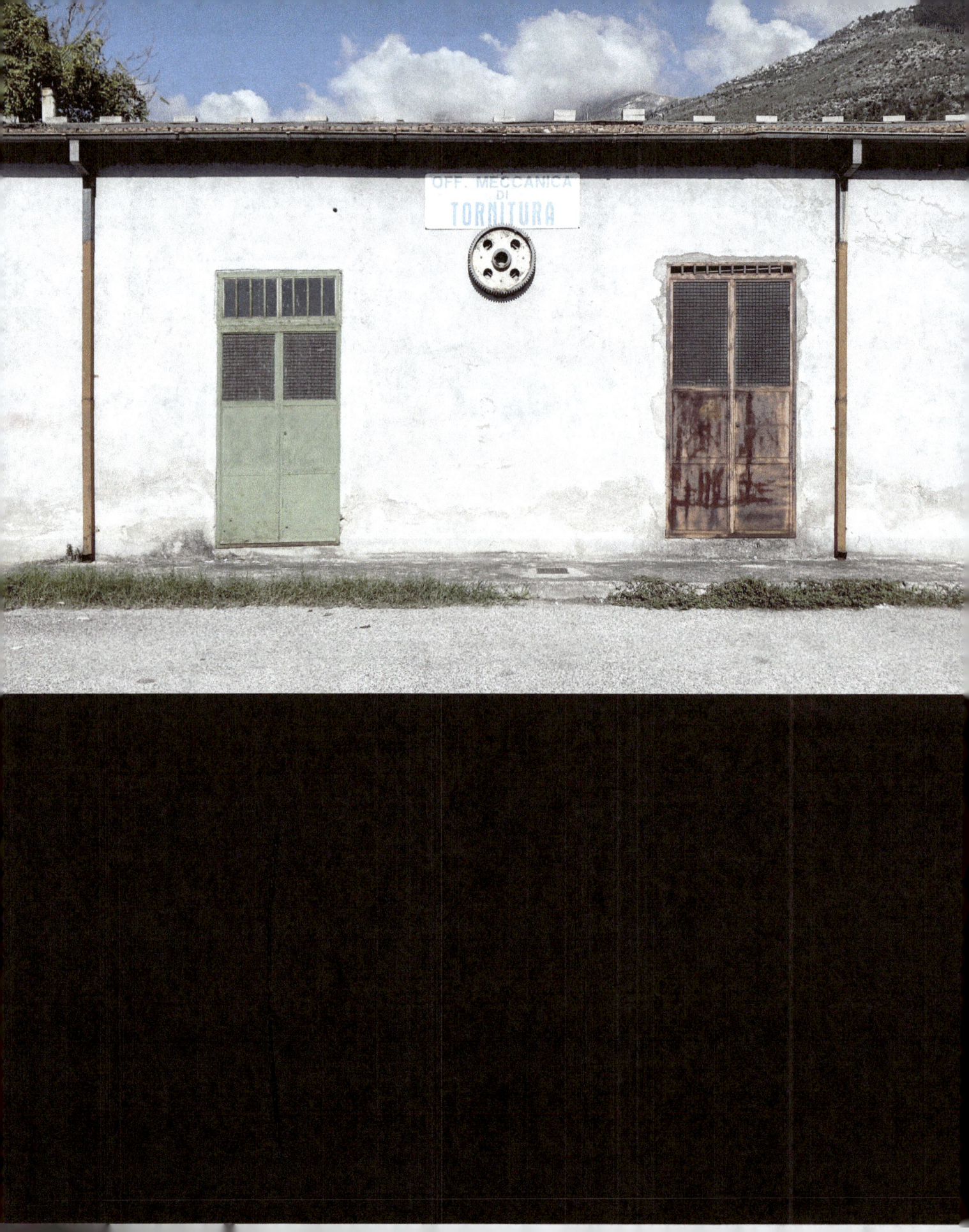

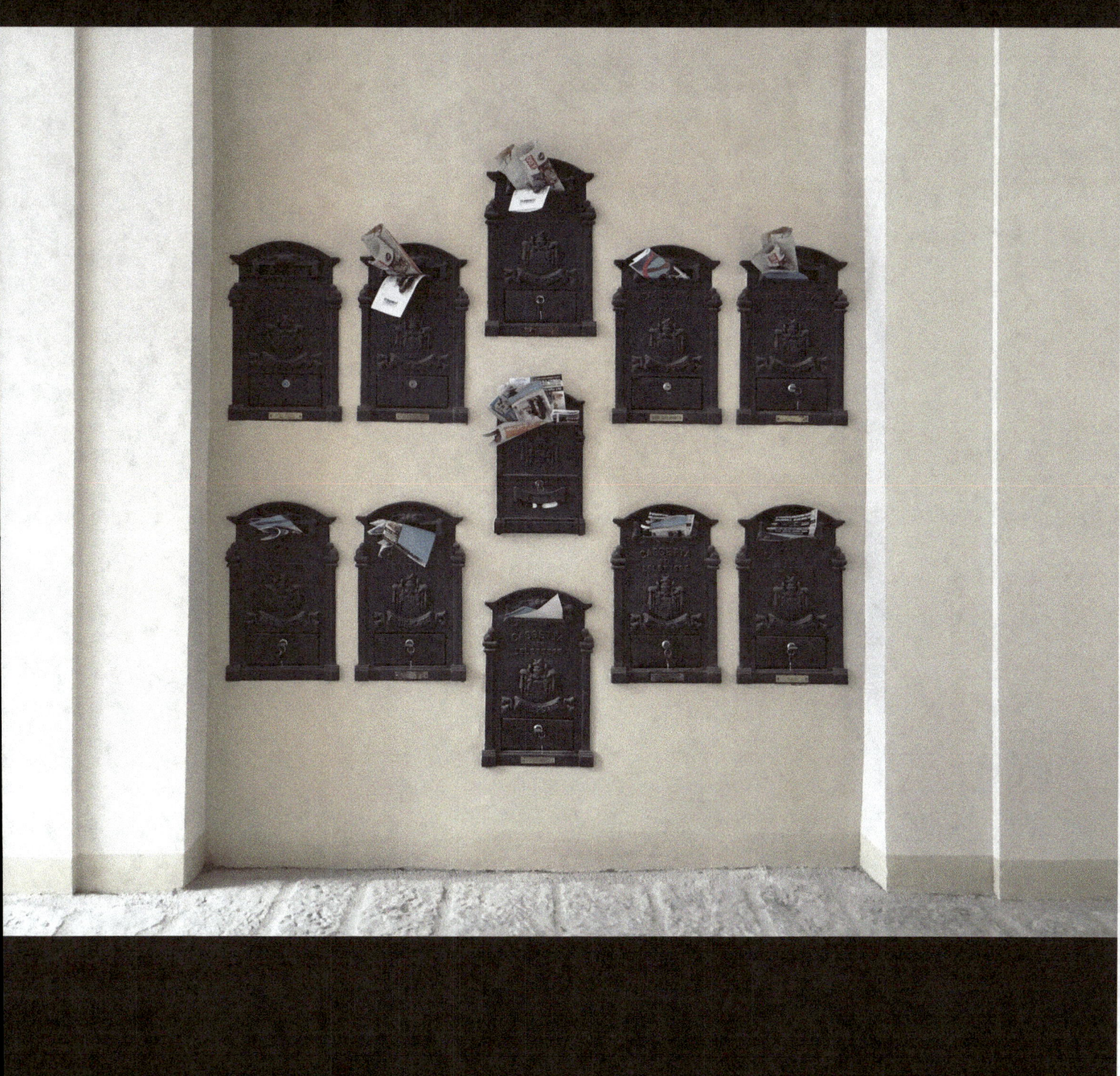

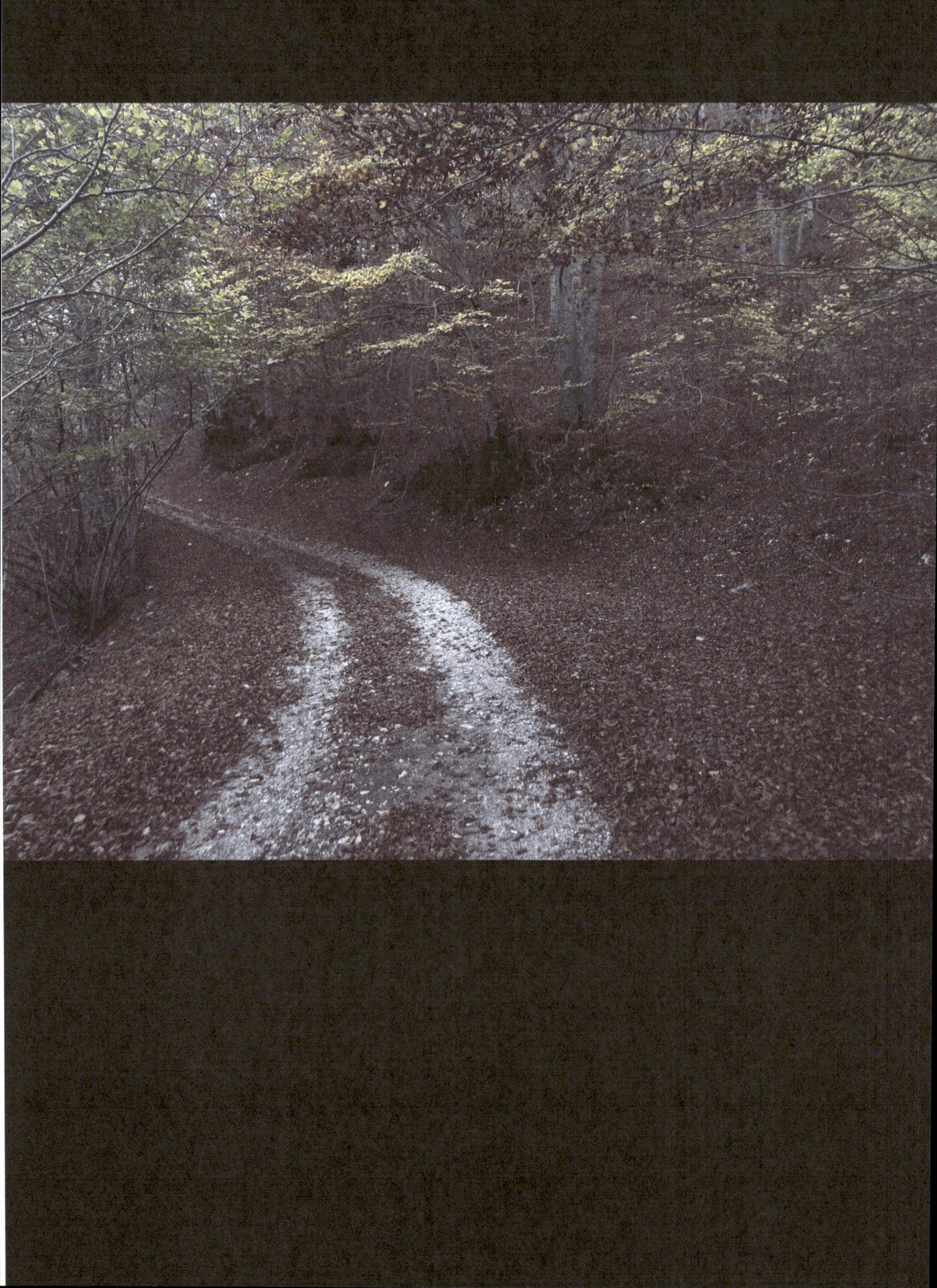

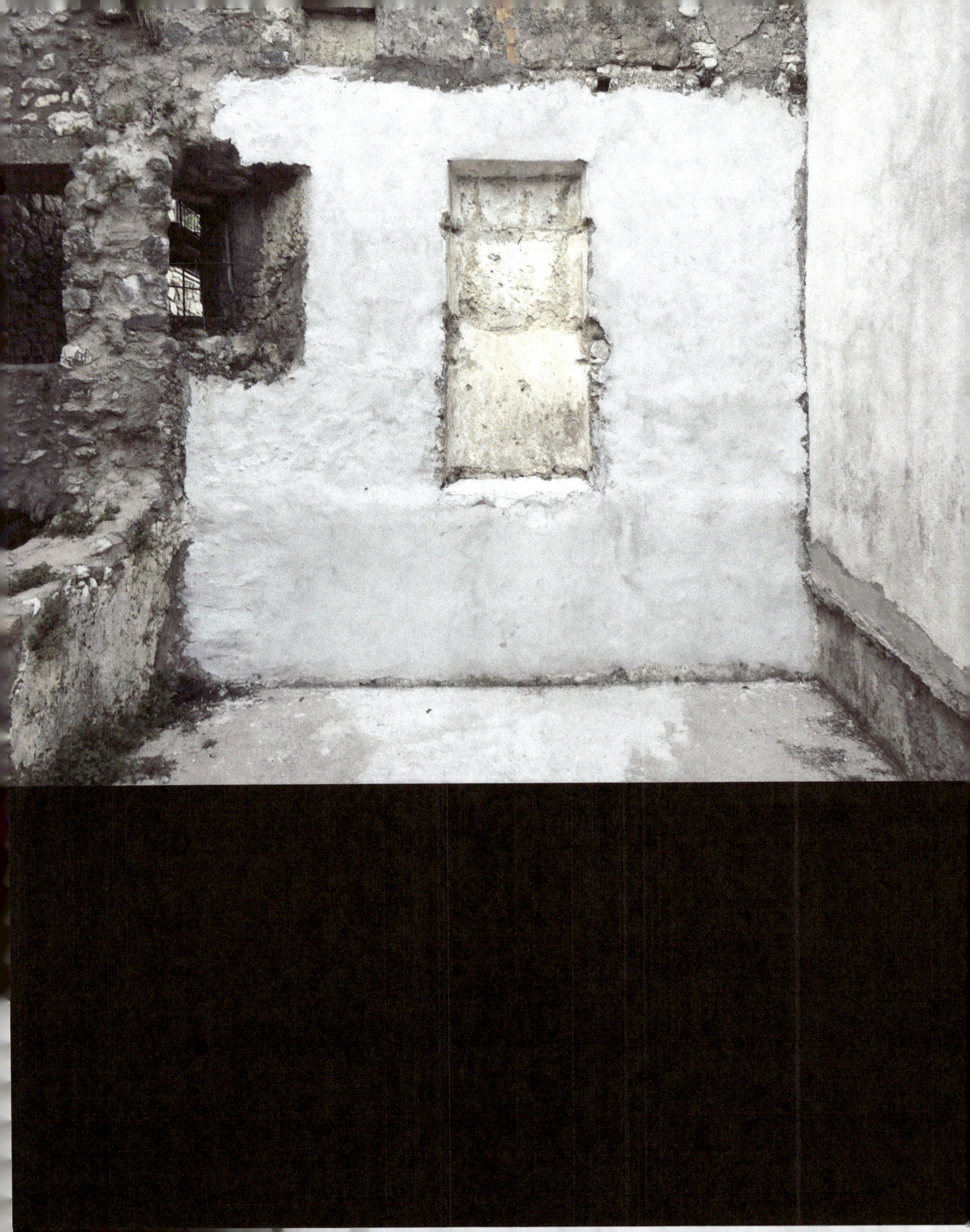

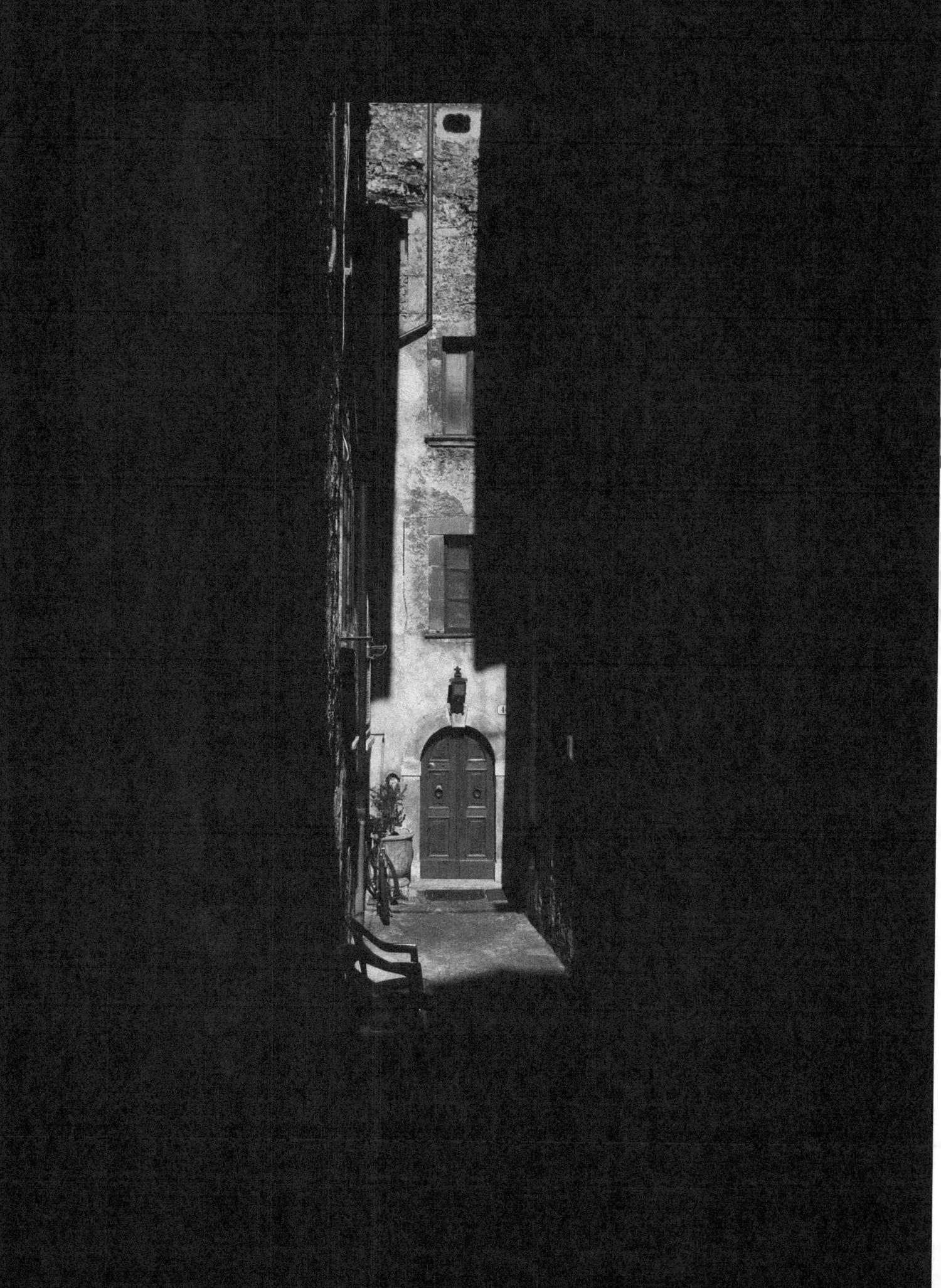

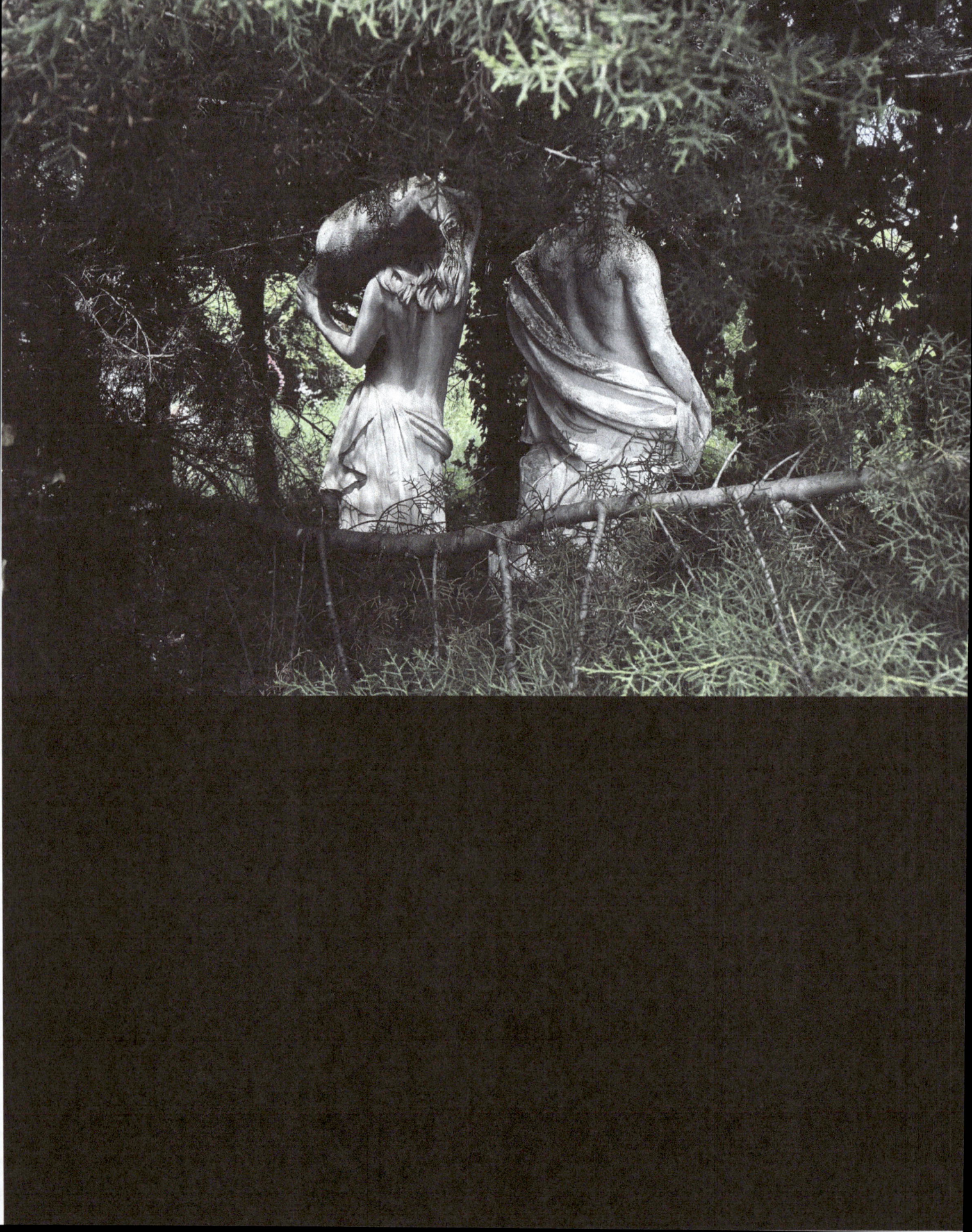

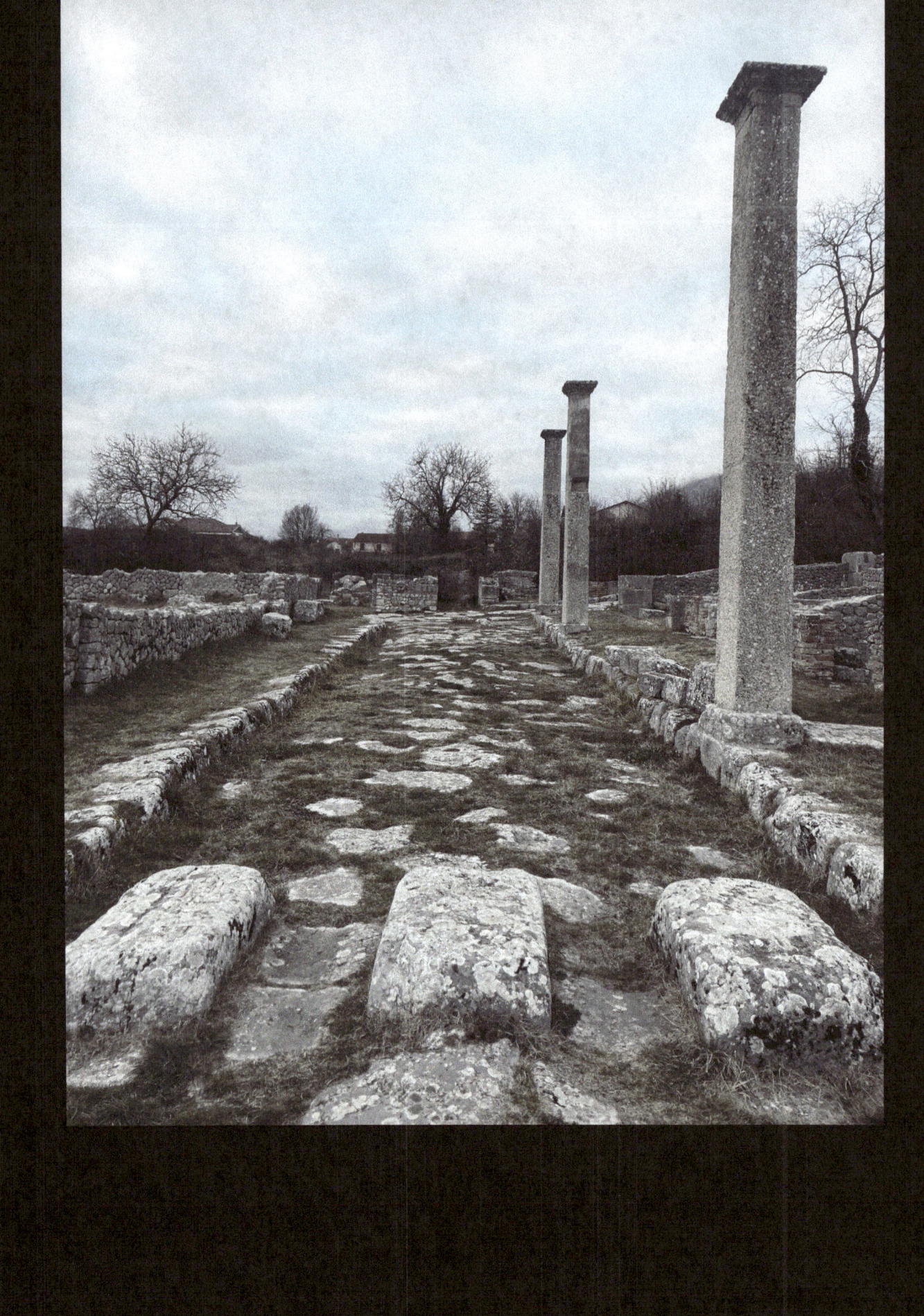

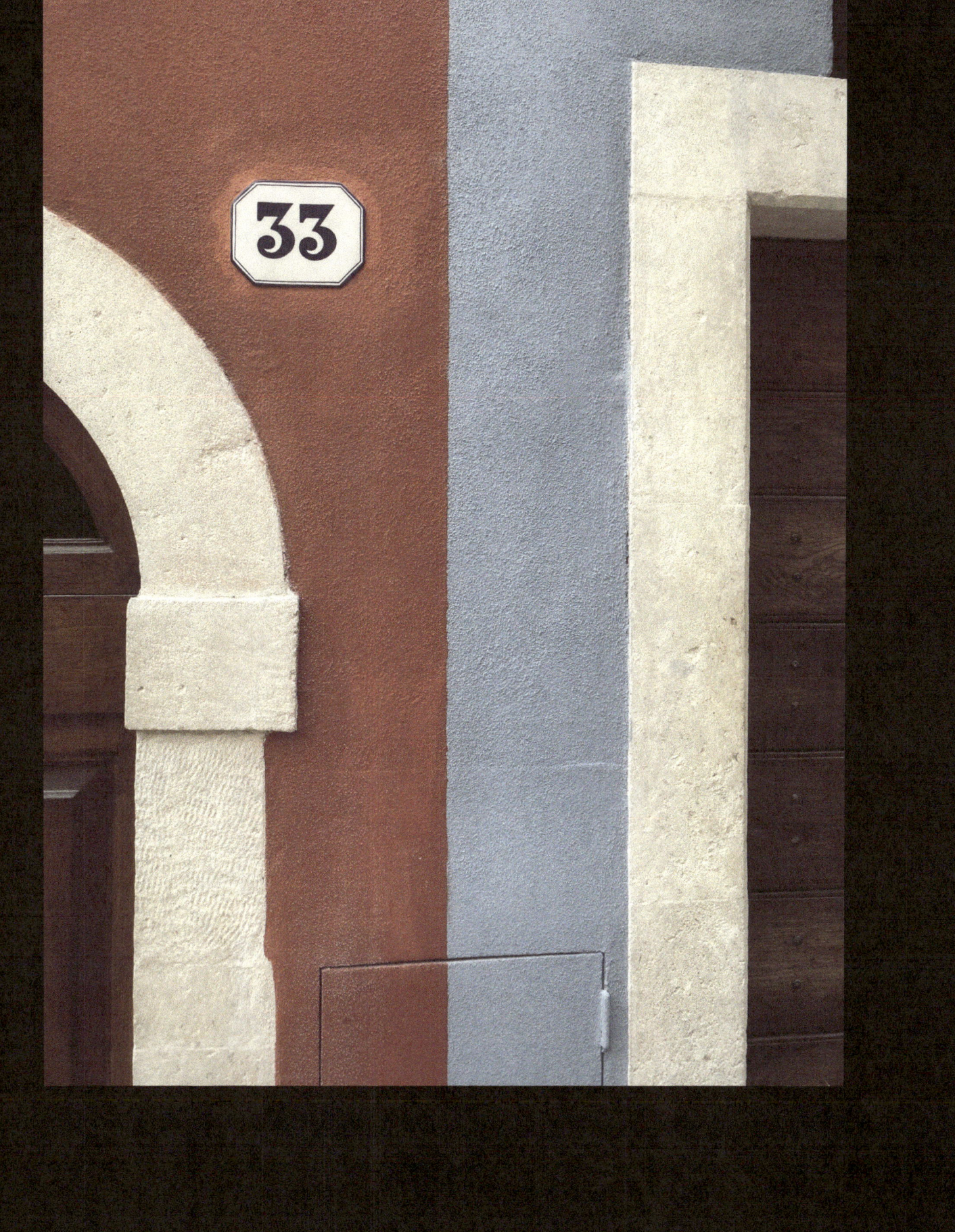

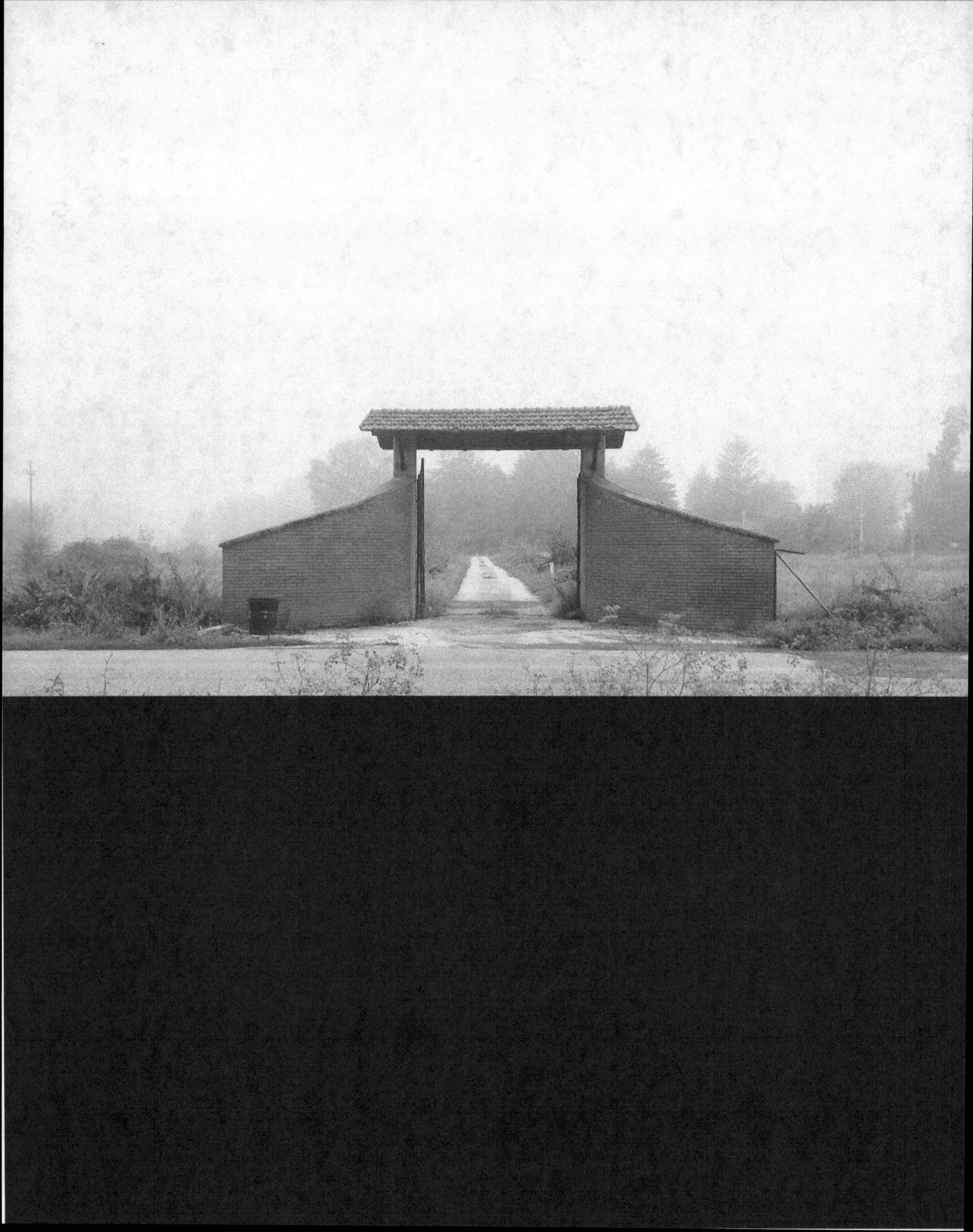

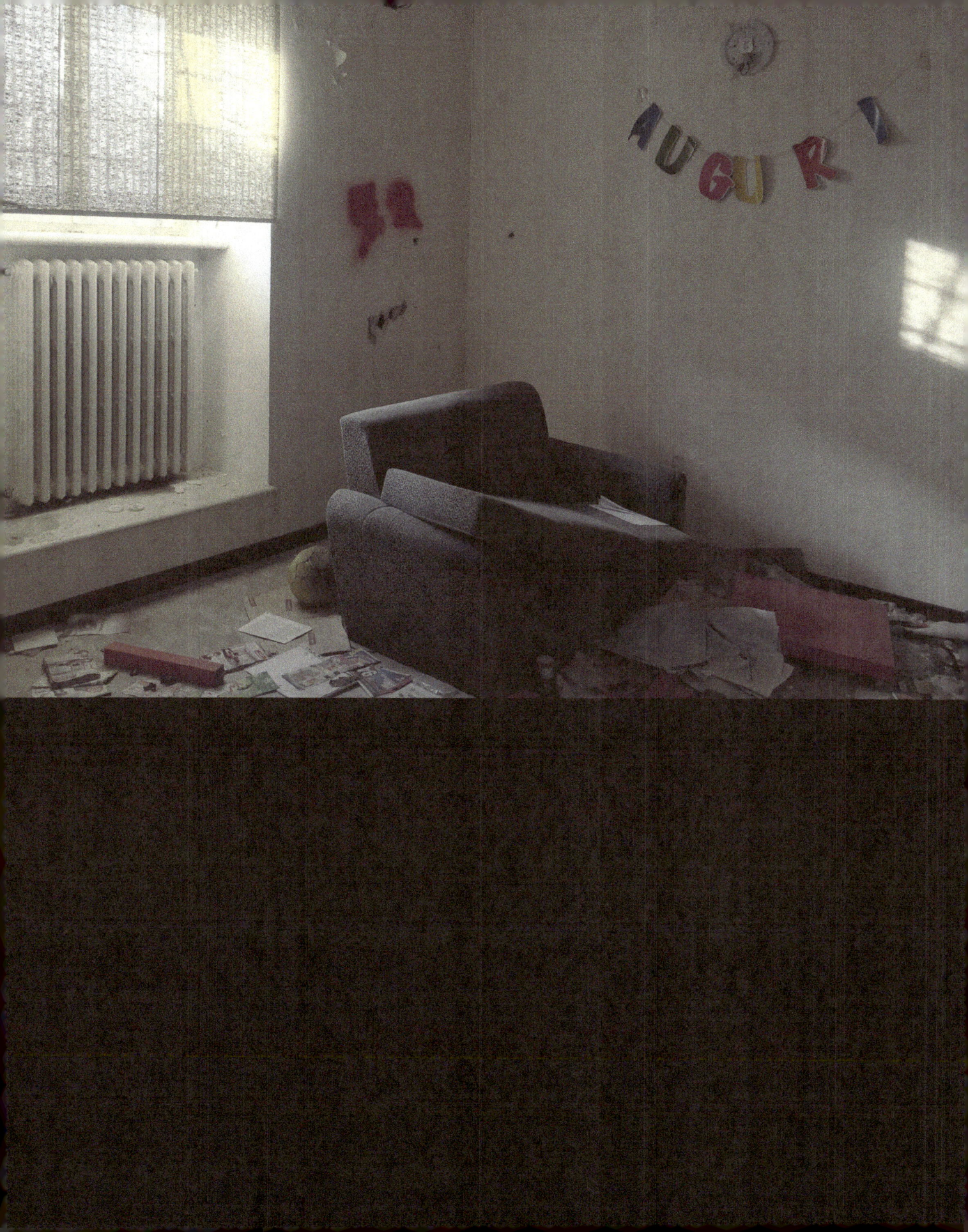

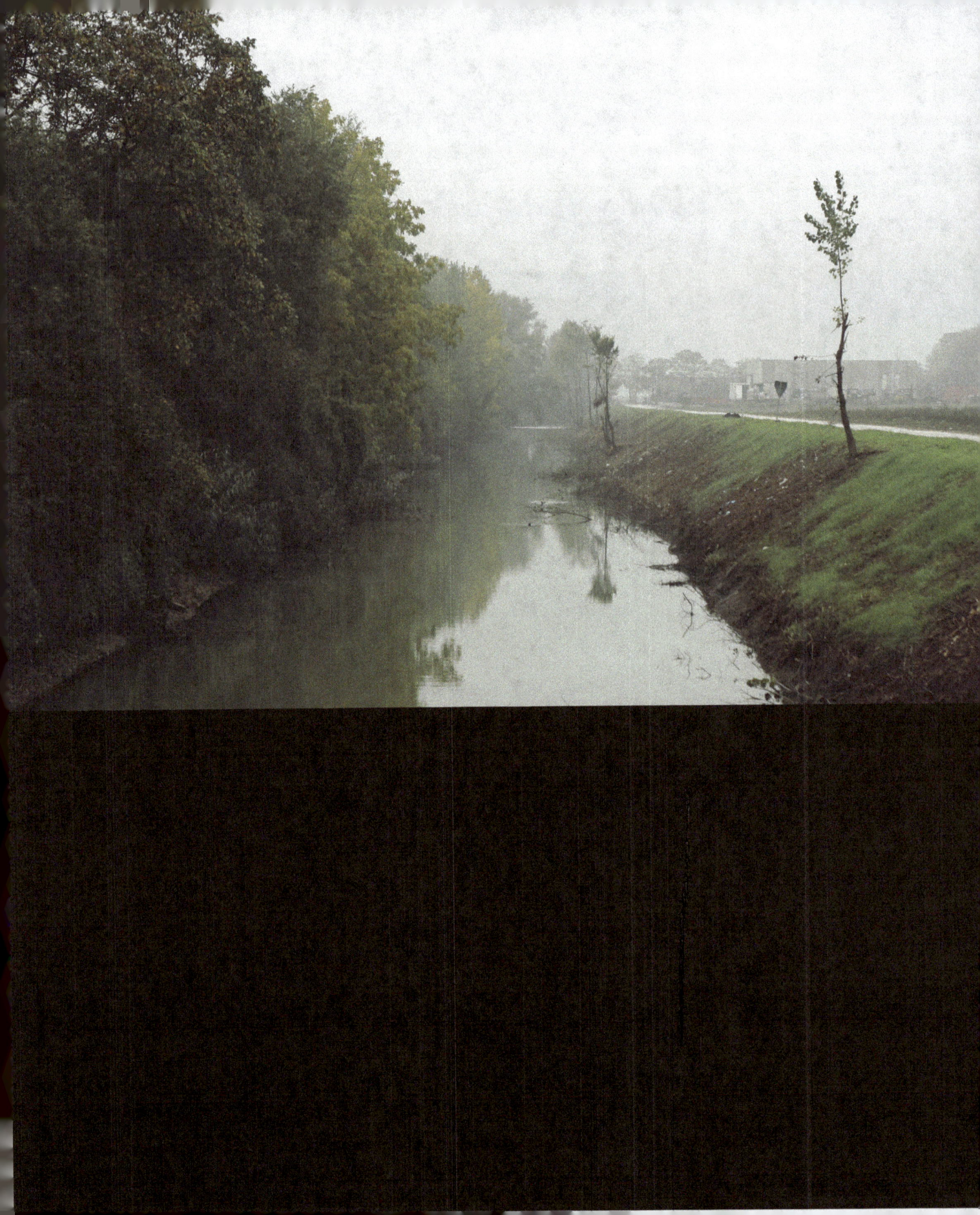

Nota di edizione

Questo libro

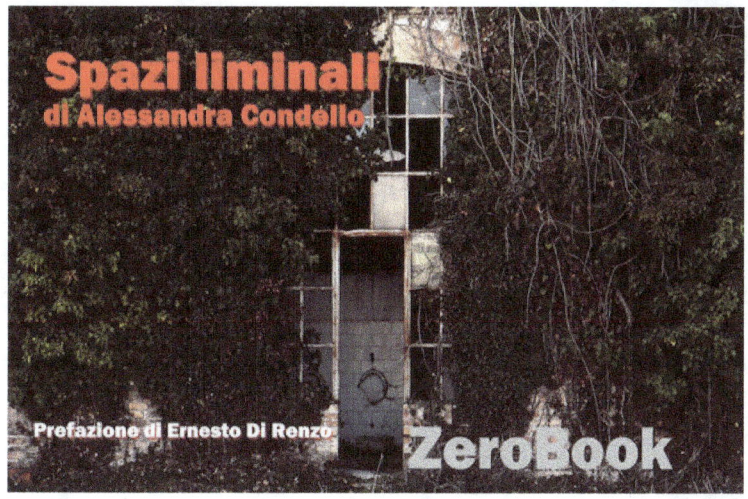

L'Abruzzo interno, con le sue valli silenti, i borghi sospesi nel tempo, le montagne che paiono eterni testimoni di una storia al contempo personale e universale, si offre come scenario ideale per esplorare il concetto di *liminalità*. Il termine, mutuato dall'antropologia e reso celebre dagli studi di Arnold Van Gennep e Victor Turner, descrive quello stato interstiziale in cui l'essere si trova tra due condizioni: il noto e l'ignoto, l'antico e il contemporaneo, il reale e l'immaginario. Nei suoi "spazi liminali", l'Abruzzo rivela non solo una geografia fisica ma anche una geografia dell'anima, capace di evocare la vertigine della soglia, il brivido del passaggio.

Alessandra Condello con una delle foto pubblicate in questa raccolta e riprodotta in copertina, ha vinto l'edizione 2023 del premio annuale fotografico "Un luogo per ZeroBook" (quinta edizione) dedicato ai luoghi abbandonati dell'Italia che meriterebbero invece di essere recuperati e ri/conosciuti.

L'autrice

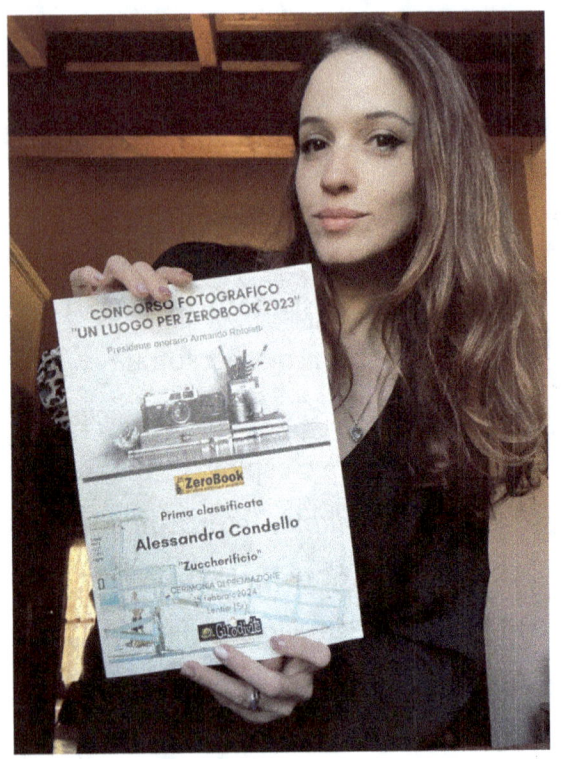

Alessandra Condello è un'architetta e artista transmediale e multimediale di origini abruzzesi, la cui ricerca si concentra sull'interazione tra l'uomo e l'ambiente, esplorando il rapporto tra forme naturali, ambiente sociale, folklore e tecnologia, con un focus sull'evoluzione postumana.

Si laurea in **Architettura Magistrale** presso Valle Giulia, La Sapienza di Roma, con una tesi sul **nuovo Mercato di Avezzano**, che approfondisce il concetto di luogo e non-luogo, la ricostruzione degli spazi sociali e l'uso della progettazione algoritmica della struttura e l'analisi dei flussi del contesto urbano.

Nel suo lavoro artistico, Alessandra indaga come l'essere umano non sia solo un osservatore, ma un attore interconnesso con la natura, sviluppando un dialogo tra l'ambiente naturale e quello costruito. La sua pratica invita a riflettere sulla coesistenza tra uomo, tecnologia e natura in una prospettiva di evoluzione e trasformazione.

Parallelamente, sviluppa una profonda passione per la **fotografia**, sia digitale che analogica, utilizzando la fotografia come mezzo per documentare il paesaggio e le sue mutazioni. Ha collaborato con l'**Università dell'Aquila** nel progetto **"Sguardo delle Viaggiatrici sull'Italia di Mezzo"**, che esplora il territorio attraverso la sensibilità e la prospettiva femminile. Una delle sue fotografie, scattata a **Scanno**, è stata pubblicata sul **New York Times**, confermando il suo sguardo attento alla memoria e alla trasformazione dei luoghi. Inoltre, ha vinto il concorso **"La Piazza come Luogo Urbano"**, indetto dall'Ordine degli Architetti di L'Aquila, con una proposta che valorizza la dimensione relazionale e simbolica dello spazio pubblico.

Più in generale, il suo percorso artistico e architettonico si configura come un intreccio di linguaggi, in cui tecnologia, cultura e natura si fondono per ridefinire l'identità degli spazi e delle persone che li abitano.

Ernesto Di Renzo è antropologo all'Università di Roma Tor Vergata dove insegna Antropologia del turismo, Antropologia dei patrimoni culturali e gastronomici e Antropologia del gusto. Dal 2010 è coordinatore didattico del master di I° livello in "Cultura alimentare e delle tradizioni enogastronomiche"; membro del collegio di dottorato in Beni Culturali e Territorio. A partire dal 2021-2022 è titolare del contratto d'insegnamento di Antropologia dell'alimentazione presso l'Università degli Studi di Teramo.
Svolge attività di relatore intervenendo a seminari, master e convegni scientifici in Italia e all'estero (Brasile, Bosnia, Messico, Francia, Grecia, Cuba, Serbia, Svezia, USA), in programmi radiofonici e televisivi (Rai1, Rai3, Rai Italia, Rai News24, Tv2000) su temi riguardanti le pratiche sociali e culturali del mangiare contemporaneo. Ha ricevuto incarichi da istituzioni pubbliche e private per attività di consulenza e di ricerca socio-antropologica sul campo, interessandosi allo studio dei revival folklorici in ambito rurale, alla patrimonializzazione dei beni culturali immateriali, alle modificazioni delle abitudini alimentari e alla produzione di valori simbolici e identitari attorno al cibo. Dal 2010 al 2015 ha curato su incarico della Società Geografica Italiana la redazione del dossier di candidatura della Perdonanza Celestiniana nella Lista Rappresentativa dei Beni Culturali Immateriali dell'UNESCO. Nel 2018 è stato insignito dall'Associazione della Stampa Estera in Italia del premio di miglior divulgatore della cultura alimentare. Sempre nello stesso anno è stato insignito del premio nazionale "G. Merli" per l'Ambiente. Nel 2019 ha ricevuto il premio internazionale DOC ITALY per la divulgazione della cultura alimentare in Italia. Nel giugno 2022 il suo libro *A proposito del gusto* è stato premiato come migliore pubblicazione nell'ambito del Premio internazionale "Gourmand word cookbook award 2021".

Le edizioni ZeroBook

Le edizioni ZeroBook nascono nel 2003 a fianco delle attività di www.girodivite.it. Il claim è: "un'altra editoria è possibile". ZeroBook è una piccola casa editrice attiva soprattutto (ma non solo) nel campo dell'editoriale digitale e nella libera circolazione dei saperi e delle conoscenze.

Quanti sono interessati, possono contattarci via email: zerobook@girodivite.it

O visitare le pagine su: https://www.girodivite.it/-ZeroBook-.html

Ultimi volumi:

Il giudizio dell'acqua / di Piero Buscemi

Donne nel socialismo / di Ferdinando Leonzio

Dalla parte del torto / di Adriano Todaro

Come il volo irregolare di un aquilone / di Ignazio Vanadia

Mafie e dintorni : Il fenomeno delle mafie e i loro rapporti con lo Stato e la società civile / Franco Plataroti

L'Italia a fumetti / di Ferdinando Leonzio

Qualche parola (2015-2022) / di Luigi Boggio

Sonetti / di William Shakespeare ; tradotti in siciliano da Prospero Trigona

Edifici di città: Roma 2020-2021 / Pierluigi Moretti

Perduti luoghi ritrovati : Poggioreale Antica / di Roberta Giuffrida

Delitto a Nova Milanese : venticinque righe nelle "brevi" / Adriano Todaro

Abbiamo una Costituzione : Ideologie, partiti e coscienza democratica costituzionale / Gaetano Sgalambro

Emma Swan e l'eredità di Adele Filò / di Simona Urso

Otello Marilli / di Ferdinando Leonzio

Autobianchi : vita e morte di una fabbrica / di Adriano Todaro ; prefazione di Diego Novelli

Accanto ad un bicchiere di vino : antologia della poesia da Li Po a Rino Gaetano / a cura di Piero Buscemi

Il cronoWeb / a cura di Sergio Failla

L'isola dei cani / di Piero Buscemi

Saggistica:

I Sessantotto di Sicilia / Pina La Villa, Sergio Failla (ISBN 978-88-6711-067-4)

Il Sessantotto dei giovani leoni / Sergio Failla (ISBN 978-88-6711-069-8)

Antenati: per una storia delle letterature europee: volume primo: dalle origini al Trecento / di Sandro Letta (ISBN 978-88-6711-101-5)

Antenati: per una storia delle letterature europee: volume secondo: dal Quattrocento all'Ottocento / di Sandro Letta (ISBN 978-88-6711-103-9)

Antenati: per una storia delle letterature europee: volume terzo: dal Novecento al Ventunesimo secolo / di Sandro Letta (ISBN 978-88-6711-105-3)

Il cronoWeb / a cura di Sergio Failla (ISBN 978-88-6711-097-1)

Il prima e il Mentre del Web / di Victor Kusak (ISBN 978-88-6711-098-8)

Col volto reclinato sulla sinistra / di Orazio Leotta (ISBN 978-88-6711-023-0)

Il torto del recensore / di Victor Kusak (ISBN 978-6711-051-3)

Elle come leggere / di Pina La Villa (ISBN 978-88-6711-029-2

Segnali di fumo / di Pina La Villa (ISBN 978-88-6711-035-3)

Musica rebelde / di Victor Kusak (ISBN 978-88-6711-025-4)

Il design negli anni Sessanta / di Barbara Failla

Maledetti toscani / di Sandro Letta (ISBN 978-88-6711-053-7)

Socrate al caffè / di Pina La Villa (ISBN 978-88-6711-027-8)

Le tre persone di Pier Vittorio Tondelli / di Alessandra L. Ximenes (ISBN 978-88-6711-047-6)

Del mondo come presenza / di Maria Carla Cunsolo (ISBN 978-88-6711-017-9)

Stanislavskij: il sistema della verità e della menzogna / di Barbara Failla (ISBN 978-88-6711-021-6)

Quando informazione è partecipazione? / di Lorenzo Misuraca (ISBN 978-88-6711-041-4)

L'isola che naviga: per una storia del web in Sicilia / di Sergio Failla

Lo snodo della rete / di Tano Rizza (ISBN 978-88-6711-033-9)

Comunicazioni sonore / di Tano Rizza (ISBN 978-88-6711-013-1)

Radio Alice, Bologna 1977 / di Lorenzo Misuraca (ISBN 978-88-6711-043-8)

L'intelligenza collettiva di Pierre Lévy / di Tano Rizza (ISBN 978-88-6711-031-5)

I ragazzi sono in giro / a cura di Sergio Failla (ISBN 978-88-6711-011-7)

Proverbi siciliani / a cura di Fabio Pulvirenti (ISBN 978-88-6711-015-5)

Parole rubate / redazione Girodivite-ZeroBook (ISBN 978-88-6711-109-1)

Accanto ad un bicchiere di vino : antologia della poesia da Li Po a Rino Gaetano / a cura di Piero Buscemi (ISBN 978-88-6711-107-7, 978-88-6711-108-4)

Neuroni in fuga / Adriano Todaro (ISBN 978-88-6711-111-4)

Celluloide : storie personaggi recensioni e curiosità cinematografiche / a cura di Piero Buscemi (ISBN 978-88-6711-123-7)

Sotto perlaceo cielo : mito e memoria nell'opera di Francesco Pennisi / di Luca Boggio (ISBN 978-88-6711-129-9)

Per una bibliografia sul Settantasette / Marta F. Di Stefano (ISBN 978-88-6711-131-2)

Iolanda Crimi : un libro, una storia, la Storia / di Pina La Villa (ISBN 978-88-6711-135-0)

Autobianchi : vita e morte di una fabbrica / di Adriano Todaro

prefazione di Diego Novelli (ISBN 978-88-6711-141-1)

Dizionario politico-sociale di Nova Milanese : Passato e presente / Adriano Todaro (ISBN 978-88-6711-151-0)

Abbiamo una Costituzione : Ideologie, partiti e coscienza

democratica costituzionale / Gaetano Sgalambro (ebook ISBN 978-88-6711-163-3, book ISBN 978-88-6711-164-0)

La peste di Palermo del 1575 / di Giovanni Filippo Ingrassia (ebook ISBN 978-88-6711-173-2)

Permesso di soggiorno obbligato / redazione Girodivite (ebook ISBN 978-88-6711-181-7, book ISBN 978-88-6711-182-4)

Qualche parola (2015-2022) / di Luigi Boggio (ebook ISBN 978-88-6711-215-9, book ISBN 978-88-6711-216-6)

Di dritto e di rovescio : L'importanza del raccattapalle ed altre storie / di Piero Buscemi (ebook ISBN 978-88-6711-217-3, book ISBN 978-88-6711-218-0)

Mafie e dintorni : Il fenomeno delle mafie e i loro rapporti con lo Stato e la società civile / Franco Plataroti (ebook ISBN 978-88-6711-223-4, book ISBN 978-88-6711-224-1)

Narrativa:

L'isola dei cani / di Piero Buscemi (ISBN 978-88-6711-037-7)

L'anno delle tredici lune / di Sandro Letta (ISBN 978-88-6711-019-3)

Emma Swan e l'eredità di Adele Filò / di Simona Urso (ISBN 978-88-6711-153-4)

Delitto a Nova Milanese : venticinque righe nelle "brevi" / Adriano Todaro (ebook ISBN 978-88-6711-171-8, book ISBN 978-88-6711-172-5)

Enne / Piero Buscemi (ebook ISBN 978-88-6711-179-4, book ISBN 978-88-6711-180-0)

Orientale Sicula : Proebbido entrari ed altri racconti / di Alfio Moncada (ebook ISBN 978-88-6711-193-0, book ISBN 978-88-6711-194-7).

Uno sporco anello / di Adriano Todaro (ebook ISBN 978-88-6711-205-0, book ISBN 978-88-6711-206-7)

Come il volo irregolare di un aquilone / di Ignazio Vanadia (ebook ISBN 978-88-6711-225-8, book ISBN 978-88-6711-226-5)

Dalla parte del torto / di Adriano Todaro (ebook ISBN 978-88-6711-227-2, book ISBN 978-88-6711-228-9)

Querelle / di Piero Buscemi (ebook ISBN 978-88-6711-201-2, book ISBN 978-88-6711-202-9)

Il giudizio dell'acqua / di Piero Buscemi (ebook ISBN 978-88-6711-231-9, book ISBN 978-88-6711-232-6)

Poesia:

Il bambino è il mondo / di Emanuele Gentile (ISBN 978-88-6711-197-8)

Raccolta di pensieri / di Adele Fossati (ISBN 978-88-6711-190-9)

Iridea / poesie di Alice Molino, foto di Piero Buscemi (ISBN 978-88-6711-159-6)

Il libro dei piccoli rifiuti molesti / di Victor Kusak (ISBN 978-88-6711-063-6)

L'isola ed altre catastrofi (2000-2010) di Sandro Letta (ISBN 978-88-6711-059-9)

La mancanza dei frigoriferi (1996-1997) / di Sergio Failla (ISBN 978-88-6711-057-5)

Stanze d'uomini e sole (1986-1996) / di Sergio Failla (ISBN 978-88-6711-039-1)

Fragma (1978-1983) / di Sergio Failla (ISBN 978-88-6711-093-3)

Raccolta differenziata n°5 : poesie 2016-2018 / di Victor Kusak (ISBN 978-88-6711-149-7)

Sonetti / di William Shakespeare ; tradotti in siciliano da Prospero Trigona (ISBN 978-88-6711-203)

Parole in versi / Adele Fossati (ISBN 978-88-6711-212)

Libri fotografici:

I ragni di Praha / di Sergio Failla (ISBN 978-88-6711-049-0)

Transiti / di Victor Kusak (ISBN 978-88-6711-055-1)

Ventimetri / di Victor Kusak (ISBN 978-88-6711-095-7)

Visioni d'Europa / di Benjamin Mino, 3 volumi (ISBN 978-88-6711-143_8)

Cortale, borgo di Calabria / Pasquale Riga (ISBN 978-88-6711-175-6)

Perduti luoghi ritrovati : Poggioreale Antica / di Roberta Giuffrida (ISBN 978-88-6711-191-6)

Edifici di città : Roma 2020-2021 / Pierluigi Moretti (ISBN 978-88-6711-199-2)

Opere di Ferdinando Leonzio:

Una storia socialista : Lentini 1956-2000 / di Ferdinando Leonzio (ISBN 978-88-6711-125-1)

Lentini 1892-1956 : Vicende politiche / di Ferdinando Leonzio (ISBN 978-88-6711-138-1)

Segretari e leader del socialismo italiano / di Ferdinando Leonzio (ISBN 978-88-6711-113-8)

Breve storia della socialdemocrazia slovacca / di Ferdinando Leonzio (ISBN 978-88-6711-115-2)

Donne del socialismo / di Ferdinando Leonzio (ISBN 978-88-6711-117-6)

La diaspora del socialismo italiano / di Ferdinando Leonzio (ISBN 978-88-6711-119-0)

Cento gocce di vita / di Ferdinando Leonzio (ISBN 978-88-6711-121-3)

La diaspora del comunismo italiano / di Ferdinando Leonzio (ISBN 978-88-6711-127-5)

Sei parole sui fumetti / di Ferdinando Leonzio (ISBN 978-88-6711-139-8)

Otello Marilli / di Ferdinando Leonzio (ISBN 978-88-6711-155-8)

La diaspora democristiana / di Ferdinando Leonzio (ISBN 978-88-6711-157-2)

Lentini nell'Italia repubblicana / di Ferdinando Leonzio (ebook ISBN 978-88-6711-161-9, book ISBN 978-88-6711-162-6)

Delfo Castro, il socialdemocratico / Ferdinando Leonzio (ebook ISBN 978-88-6711-169-5, book ISBN 978-88-6711-170-1)

La socialdemocrazia italiana fra scissioni e confluenze (1947-1998) / Ferdinando Leonzio (ebook ISBN 978-88-6711-177-0, book ISBN 978-88-6711-178-7)

Momenti di socialismo / di Ferdinando Leonzio (ebook ISBN 978-88-6711-207-4, book ISBN 978-88-6711-208-1)

L'Italia a fumetti / di Ferdinando Leonzio (ebook ISBN 978-88-6711-221-0, book ISBN 978-88-6711-222-7)

Giovanna : anarchico è il pensiero... / Ferdinando Leonzio (ebook ISBN 978-88-6711-229-6, book ISBN 978-88-6711-230-2)

Donne nel socialismo / di Ferdinando Leonzio (ebook ISBN 978-88-6711-233-3, book ISBN 978-88-6711-234-0)

Opere di Piero Buscemi:

Accanto ad un bicchiere di vino : antologia della poesia da Li Po a Rino Gaetano / a cura di Piero Buscemi (ISBN 978-88-6711-107-7, 978-88-6711-108-4)

Celluloide : storie personaggi recensioni e curiosità cinematografiche / a cura di Piero Buscemi (ISBN 978-88-6711-123-7)

L'isola dei cani / di Piero Buscemi (ISBN 978-88-6711-037-7)

Iridea / poesie di Alice Molino, foto di Piero Buscemi (ISBN 978-88-6711-159-6)

Enne / Piero Buscemi (ebook ISBN 978-88-6711-179-4, book ISBN 978-88-6711-180-0)

Querelle / di Piero Buscemi (ebook ISBN 978-88-6711-201-2, book ISBN 978-88-6711-202-9)

Di dritto e di rovescio : L'importanza del raccattapalle ed altre storie / di Piero Buscemi (ebook ISBN 978-88-6711-217-3, book ISBN 978-88-6711-218-0)

Il giudizio dell'acqua / di Piero Buscemi (ebook ISBN 978-88-6711-231-9, book ISBN 978-88-6711-232-6)

Parole rubate:

Scritti per Gianni Giuffrida: La nuova gestione unitaria dell'attività ispettiva: L'Ispettorato Nazionale del Lavoro / di Cristina Giuffrida (ISBN 978-88-6711-133-6)

WikiBooks:

La Carta del Carnaro 1920-2020 (ISBN 978-88-6711-183-1)

Webology : le "cose" del Web / a cura di Sergio Failla (ISBN 978-88-6711-185-5)

English books or bilingual:

Perduti luoghi ritrovati : Poggioreale Antica / di Roberta Giuffrida. - english/italiano. - (ISBN 978-88-6711-196-6)

Visioni d'Europa - Europe's visions / di Benjamin Mino, 3 volumi. - english/italiano. - (ISBN 978-88-6711-143_8)

Sonetti / di William Shakespeare ; tradotti in siciliano da Prospero Trigona. - english/sicilianu. - (ISBN 978-88-6711-203)

Querelle / Piero Buscemi ; preface by Vincenzo Tripodo. - english edition. - (ISBN 978-88-6711-209-8, press ISBN 978-88-6711-210-4)

Cataloghi:

ZeroBook: catalogo dei libri e delle idee 2012-...

Catalogo ZeroBook 2007

Catalogo ZeroBook 2006

Riviste e periodici:

Post/teca, antologia del meglio e del peggio del web italiano

ISSN 2282-2437

https://www.girodivite.it/-Post-teca-.html

Girodivite, segnali dalle città invisibili

ISSN 1970-7061

https://www.girodivite.it

il Notar Jacopo : rivista della Bibliotheca

https://https://www.girodivite.it/La-Biblioteca-di-OpenHouse.html

ZeroBook catalogo delle idee e dei libri

trimestrale

https://www.girodivite.it/-ZeroBook-free-catalogo-puoi-.html

www.ingramcontent.com/pod-product-compliance
Lightning Source LLC
Chambersburg PA
CBHW080000230526
45470CB00008B/2809